23.65$

Portraits
de familles
pionnières

Du même auteur
chez le même éditeur

Généalogie: portraits de familles pionnières, tomes 1, 2 et 3,
 1993, 1994, 1995.

Guides historico-touristiques

Le Paris des Québécois, 1989. Prix Percy Foy de la Société
 généalogique canadienne-française.

La France de l'Ouest des Québécois, 1990.

Les Montréal de France, 1991.

Histoire

Petit dictionnaire des citations québécoises, 1988.

Robert Prévost

Portraits
de familles
pionnières

Libre Expression

Données de catalogage avant publication

Prévost, Robert, 1918-

Portraits de familles pionnières

Comprend des index

ISBN 2-89111-664-X (v. 4)

1. Québec (Province) - Généalogie. 2. Généalogie. 3. Pionniers.
I. Titre.

CS89.P73 1993   929'.3714   C93-096497-7

Sources iconographiques:

Les photos sont de l'auteur, sauf les suivantes: 17: André Bergeron; 27, 28: Françoise Boileau-Drapeau; 45: Min. des Affaires culturelles du Québec; 63: Services français du tourisme; 83, 85: Mairie de Corbie; 96: Martial Dassylva; 147: Raymond Frigon; 154: Artaud Frères; 166: Philippe Seydoux; 174 – Soc. d'histoire de Longueuil; 229: Mairie de Molières; 271: Raymond Tanguay.

Maquette de la couverture
FRANCE LAFOND

Photocomposition et mise en pages
COMPOSITION MONIKA, QUÉBEC

© Éditions Libre Expression
2016, rue Saint-Hubert
Montréal, Qc   H2L 3Z5

Dépôt légal:
2e trimestre 1996

ISBN 2-89111-664-X

IMPRIMÉ AU CANADA

FVR19 895 X

Une nouvelle moisson

Nous sommes heureux de vous présenter cette nouvelle moisson de chroniques portant sur les origines de patronymes que les ancêtres ont profondément enracinés dans le sol généreux de la Nouvelle-France.

Comme précédemment, ces textes ont paru dans *La Presse*, sous la rubrique hebdomadaire intitulée «Les Origines», et si celle-ci est incorporée chaque samedi au cahier *Vacances/Voyage*, c'est que croît constamment le nombre des Québécois qui, chaque année, franchissent l'Atlantique pour voir le lieu du *vieux pays* d'où est parti leur premier ancêtre. Bien sûr, la France est riche en attraits culturels, mais les Québécois ont une raison particulière de s'y rendre : ils constituent, en dehors de leur mère patrie culturelle, la plus importante concentration de descendants de vieille souche française.

Les chroniques que regroupe le présent tome ont été publiées depuis le 18 juin 1994 jusqu'au 10 juin 1995 inclusivement. Si elles n'évoquent les origines que de 49 patronymes, c'est que dans trois cas, les ancêtres arrivés au XVIIe siècle étaient trop nombreux pour les traiter en un seul volet.

Les trois premiers tomes comportaient les origines de 151 familles. Avec celui-ci, nous atteignons le total de 200. On en trouvera la liste complète dans les dernières pages.

Même si l'objectif de ces rappels d'histoire familiale est de renseigner les lecteurs et de stimuler leur fierté à l'endroit des pionniers qui ont participé à la fondation et à la consolidation de la Nouvelle-France, ils n'en constituent pas moins de précieux documents de consultation.

D'une part, chacun des tomes s'accompagne de nombreuses gravures qui, la plupart du temps, sont inédites. Jusqu'à maintenant, plus de 400 ont été reproduites. Il s'agit, dans la majorité des cas, de photos que l'auteur a réalisées en France, à la faveur de plusieurs années de recherches sur le terrain visant à constituer un inventaire iconographique du patrimoine ayant un rapport direct avec notre histoire.

D'autre part, chaque tome comporte un index onomastique exhaustif. De nombreux pionniers et pionnières portant des patronymes autres que ceux figurant dans les titres des chapitres s'y trouvent également. Ces index permettent de les repérer instantanément, ce qui facilite le recoupement des alliances entre familles. Les index des trois premiers tomes citent les noms de près de 7 000 pionniers et pionnières, et celui-ci, plus de 2 000 autres.

Chaque portrait de famille pionnière constitue en quelque sorte un digest de ce que révèlent les dictionnaires généalogiques, les répertoires d'actes de l'état civil, les greffes des anciens notaires et autres sources qui sont à la portée des chercheurs. À l'inédit de la documentation iconographique s'ajoutent occasionnellement des corrections à la documentation déjà disponible et le résultat de recherches non encore publiées, car la généalogie est en constante évolution.

Mais l'objectif prioritaire de cette série de portraits de familles pionnières en est un de vulgarisation et de stimulation de notre fierté à l'égard des ancêtres qui n'ont pas craint de franchir l'Atlantique pour implanter en Amérique une France nouvelle.

Les éditeurs.

Nos Alarie et Alary
sont d'origine Poitevine

Si un notable de la Nouvelle-France a été particulièrement choyé, c'est bien Jean Bourdon, arpenteur et cartographe, qui occupa des postes importants : entre 1637 et 1661, on lui octroya pas moins de sept concessions et seigneuries ! Ainsi, le 15 décembre 1653, le gouverneur de Lauzon lui accorde un domaine de quatre lieues de profondeur, en amont de Québec, mais à l'intention de son fils, Jean-François, âgé de six ans, qui prendra plus tard le surnom de Dombourg. Jean-François, cependant, ne s'intéressa pas à la mise en valeur de sa seigneurie de Dombourg, préférant le métier de capitaine de navire. En 1680, il la vend à Nicolas Dupont de Neuville, membre du Conseil souverain. Elle sera dès lors désignée sous l'appellation de Neuville.

Dès l'année suivante, deux pionniers portant le patronyme d'Alarie y fondent des foyers. Leurs actes de mariage sont les sixième et septième figurant dans les registres de la paroisse Saint-François-de-Sales de Neuville.

Il n'existait semble-t-il aucun lien de parenté entre eux, même s'ils étaient d'origine poitevine.

René Alarie, dit Grandalary, fils d'Antoine et d'Anne Cheber, était de la paroisse Notre-Dame de Neuville. De nos jours, la commune de Neuville-de-Poitou, sise dans l'arrondissement de Poitiers, département de la Vienne, compte près de 4 000 habitants. Le canton de même nom est jumelé avec notre municipalité de Neuville, ainsi que l'indique un panneau routier aux abords de la commune. Si on y mentionne «Neuville-Pointe-aux-Trembles», c'est que notre Neuville a longtemps été désignée sous cette appellation de Pointe-aux-Trembles, que les généalogistes savent distinguer de l'ancienne ville de même nom annexée à Montréal, et qui elle-même s'était jumelée à Neuville-sur-Vanne (Champagne) en 1974.

Neuville-de-Poitou est située à 15 km au nord-ouest de Poitiers, sur la N 147, qui conduit à Mirebeau et à Loudun. Vue de face, l'église présente un aspect curieux. On a l'impression que quelque soucoupe volante s'est immobilisée juste derrière le clocher. Il s'agit du réservoir d'un château d'eau, et les gens du cru vous diront que cette incongruité résulte d'un différend qui, jadis, opposa le maire au curé.

René Alary dit Grandalary épousa à Neuville, le 17 février 1681, Louise Thibault, fille de Michel et de Jeanne Soyer. Lorsque les recenseurs passent par la seigneurie de Maure (Saint-Augustin-de-Desmaures) la même année, ils trouvent le couple déjà installé sur une terre dont huit arpents sont en valeur. René et Louise auront dix enfants et, ce qui est rare, ils n'en perdirent qu'un seul, dès après sa naissance. Tous les autres, dont cinq fils, atteignirent l'âge adulte et fondèrent des foyers. Si l'on recoupe les renseignements que contiennent les dictionnaires généalogiques, les fils donnèrent à leurs parents plus d'une vingtaine de petits-fils et près d'une trentaine de petites-filles.

Les mariages des fils s'échelonnèrent depuis 1713 jusqu'à 1742: Jean-François/Louise Lemay, fille de Charles et de Louise Houde, en 1713; Pierre-Michel/

L'église de Neuville-de-Poitou. Ce qui semble être une excroissance du clocher ne constitue pas un nouveau style : c'est tout simplement le réservoir du château d'eau de la commune.

Marie-Josèphe Lemay (sœur de Marie-Louise) en 1714; René/ Marguerite Bédard, fille de Jacques et d'Élisabeth Doucinet, en 1719, puis avec Marguerite Letartre, fille de René et d'Anne Garneau dite Lafraîcheur, en 1742; Joseph/Geneviève Desgagnés, fille de Jacques et de Geneviève Pelletier, en 1724; Jean-Baptiste/Charlotte Favreau, fille de Nicolas et de Marie Meunier, en 1727. On retrouve ensuite les fils Alarie à Saint-Augustin, Lotbinière, Charlesbourg, Québec et Chambly, respectivement.

Les quatre filles se laissèrent conduire à l'autel: Louise par Jacques Joignier (1712), Marie-Anne par François Beauchamp (1717), Marie-Ursule par Jean-Baptiste Journeau (1721) et Jeanne par Jacques Griau (1730).

René Alary dit Grandalary décéda à Neuville en 1700 à l'âge de 54 ans.

L'autre ancêtre de même patronyme portait également le même prénom. Fils d'Élisée et d'Anne Dubois, il était originaire de la ville même de Poitiers. Il adopta le métier de son père, celui de charpentier. Il était l'aîné de son homonyme. En effet, au recensement de 1681, il déclare être âgé de 50 ans, alors que l'autre n'en avait que 35.

Coïncidence? Non seulement les deux pionniers étaient-ils de la même région du Poitou, mais ils choisirent de s'établir à Neuville et se marièrent la même année. Le 14 avril 1681, à Neuville, ce second René épouse Marie-Anne Royer, fille de Jean et de Marie Targer.

Lorsqu'en 1681, les recenseurs se présentent dans la seigneurie de Maure, ils y trouvent le couple installé sur une terre dont six arpents sont mis en valeur.

Ce couple fut plus prolifique que l'autre: il porta quatorze enfants au baptême. Malheureusement, il en perdit la moitié. Vers 1688, la famille s'installe à Montréal. L'aînée, Marie-Françoise, y épousera, en 1706, un maître doreur d'origine parisienne, Claude-Vincent Menneson, et sera

Ce panneau routier installé à l'une des entrées du canton de Neuville-de-Poitou signale que celui-ci est jumelé à notre propre municipalité de Neuville, qui porta longtemps l'appellation de Pointe-aux-Trembles.

mère de onze enfants tous nés à Montréal. Le généalogiste René Jetté dit que l'aîné des fils, Jean, s'engagea en 1708 pour un voyage à Mobile (aujourd'hui l'une des grandes villes de l'Alabama), où Pierre Le Moyne d'Iberville avait construit le fort Condé six ans plus tôt. Un autre fils, Vincent, né en 1689, pratiqua comme son père le métier de charpentier; il décéda à Montréal à l'âge de 46 ans, mais ne semble pas s'être marié. Les dictionnaires généalogiques ne nous renseignent pas sur deux autres frères, Jean et Jean-Baptiste.

Deux des filles fondèrent des foyers: Marie-Françoise, déjà mentionnée, et Anne, qui, à Montréal, en

1718, joignit sa destinée à celle de Léonard Janot dit Bel-humeur, à qui elle donna une dizaine d'enfants.

Le maître charpentier René Alary décéda à l'Hôtel-Dieu de Montréal en août 1719.

Tous nos Alarie de vieille souche descendent donc de deux ancêtres portant le même prénom et venus de la région de Poitiers. En France, le patronyme s'épelle de différentes façons qui sont des variantes d'*Alaric*, nom d'origine germanique signifiant tout-puissant.

Trois frères Bergeron
épousent trois sœurs Grenon

Lorsqu'apparurent les patronymes, au Moyen Âge, plusieurs résultèrent de la nature du travail dont l'on s'acquittait, et comme les troupeaux de moutons étaient nombreux, Berger devint rapidement un nom de famille, ainsi que plusieurs dérivés, dont Bergère, Bergery et Bergeron, qui serait une variante méridionale.

Les premiers Bergeron passés en Nouvelle-France venaient de l'Aunis, du Poitou et de la Gascogne.

C'est tout d'abord Pierre Bergeron qui franchit l'Atlantique. Il était probablement veuf de Catherine Marchand, car il n'arriva qu'avec un fils, André, qui allait être père d'une belle famille.

Le 9 juillet 1673, André épousait Marguerite Demers, fille de Jean et de Jeanne Voidy. Il était dans la colonie depuis quelques années, car lors du recensement de 1667, il est le domestique du marchand Eustache Lambert sur la terre située sur la côte de Lauzon. Non loin de là, ses futurs beaux-parents mettent une terre en valeur; ils ont six enfants, dont Marguerite, alors âgée de huit ans.

André était originaire de Saint-Saturnin-du-Bois. C'est aujourd'hui une commune de 700 habitants située en Charente-Maritime, dans l'arrondissement de Rochefort, à quelque huit kilomètres au nord-est de Surgères, au point de rencontre des D 209 et 118. Ce bourg faisait partie de l'ancienne province de l'Aunis.

Il convient de signaler qu'à l'époque du mariage, le nom de famille de Marguerite s'épelait Dumestz (Dumets); c'est au fil des générations qu'il devint Demers.

Le couple Bergeron/Demers eut 12 enfants dont sept fils. Cinq de ceux-ci fondèrent des foyers, et trois avec les sœurs Grenon: André (1698) avec Marie Grenon, fille de Pierre et de Marie Lavoie, puis (1713) avec Marie-Charlotte Danet, fille de Charles et de Marie-Anne Faye, enfin (1719) avec Geneviève Duguay, fille de Pierre et d'Angélique Delugré; Jean (1699) avec Marguerite Grenon, puis (1711) avec Marie-Madeleine Ferland, fille de François et de Geneviève Milloir et veuve de Mathieu Blouard, enfin (1719) avec Marie-Madeleine Bourassa, fille de Jean et de Perrette Vallée et veuve de Jean-François Dussault dit Lafleur; et Jacques (1704) avec Marie-Agnès Grenon, puis (1720) avec Madeleine Dubois, fille de Jean et d'Anne Mailloux.

Joseph conduisit à l'autel (1722) Marguerite Dussault, fille de Jean-François et de Marie-Madeleine Bourassa (veuve de son frère Jean), puis Catherine Bordeleau, fille d'Antoine et de Catherine Piché et veuve de René Rousseau. Enfin, Nicolas choisit pour compagne (1725) Marie-Élisabeth Fréchette, fille de François et d'Anne Lereau, puis (1734), Gertrude Robin, fille de Pierre et de Geneviève Guilboult et veuve de Pierre Chatel.

Les cinq frères contractèrent au total douze unions, et trois d'entre eux avec autant de sœurs Grenon, en premières noces.

La famille de l'ancêtre Pierre grandit à Saint-Nicolas-du-Sud (aujourd'hui Lauzon, en face de Québec) et ses descendants essaimèrent vers Québec, Montréal et Saint-Antoine-de-Tilly.

L'église de Saint-Saturnin-du-Bois, paroisse de l'ancêtre Pierre Bergeron et de son prolifique fils André.

C'est ensuite un Poitevin qui figure dans nos annales. Le 3 novembre 1676, aux Trois-Rivières, François Bergeron, fils de Charles et de Marie Pernelle, de Saint-Hilaire-sur-l'Autise (Saint-Hilaire-des-Loges, arrondissement de Fontenay-le-Comte), épousait Étiennette Leclerc, fille de Florent et de Marie Gendre. Saint-Hilaire-des-Loges n'est qu'à 12 kilomètres à l'est de Fontenay-le-Comte par la D 745. François était arrivé plusieurs années plus tôt, car lors du recensement de 1667, il était à l'emploi de Marc Barreau, qui gérait l'une des fermes de Charles Aubert de La Chesnaye, le plus influent homme d'affaires de la colonie.

Le couple Bergeron/Leclerc se fixa aux Trois-Rivières et eut neuf enfants dont quatre fils qui semblent avoir préféré l'appel de l'Ouest au mariage, sauf Pierre, né à la Rivière-du-Loup-en-Haut (Louiseville) et qui, en 1716, épousa Madeleine Giguère, fille de Martin et de Marie-Françoise Pinard, qui lui donna huit enfants dont quatre fils, tous nés à Louiseville. C'est là d'ailleurs que François et Étiennette décédèrent, en 1726 et 1715 respectivement. François était âgé de 81 ans.

Le troisième Bergeron qui fonda un foyer en Nouvelle-France nous est venu de Gascogne, plus exactement de Vieux-Boucau-les-Bains, une commune qu'il n'est pas facile de repérer sur les cartes, car bien que située dans l'arrondissement de Dax, elle en est éloignée de plus d'une trentaine de kilomètres. Elle se trouve sur les bords mêmes du golfe de Gascogne, à 19 kilomètres à l'ouest de Magescq, où passe la grande N 10, à plus d'une centaine de kilomètres au sud de Bordeaux.

Ce Bergeron, prénommé Dominique, contracta deux unions, en 1698 et 1704. On a écrit que ses descendants ont essaimé à Québec et à Montréal. Si tel est le cas, c'est par un seul des quatre fils issus de ces unions, car les trois autres décédèrent aux âges de 6, 12 et 18 ans, et encore les dictionnaires généalogiques ne mentionnent pas que l'autre, Jacques-Marie, né en 1702, ait fondé un foyer. De leurs

Lorsque François Bergeron et Étiennette Leclerc se fixèrent aux Trois-Rivières, ce n'était encore qu'un fort modeste bourg ainsi que le représente une gravure ancienne conservée aux Archives du Séminaire des Trois-Rivières.

trois sœurs, une seule se maria, Anne, avec Jean-François Landron, un couple qui n'eut pas de progéniture.

Nous ne saurions passer sous silence un certain Berthélemy Bergeron qui épousa une jeune fille de l'île d'Orléans après avoir servi volontairement sous Pierre Le Moyne d'Iberville et s'être établi à Port-Royal. En 1690, domicilié à Québec, devant «partir pour le voyage aux Anglais», il fait son testament par-devant le notaire Gilles Rageot. Il lègue 300 livres au maître de barque Pierre Lezeau, pareille somme aux pauvres de l'Hôpital Général de la ville et demande que le reste de ses biens serve à dire des messes pour le repos de son âme. Il s'apprête à participer au raid sur Corlaer, en Nouvelle-Angleterre. Il en reviendra sain et sauf et prendra part à diverses actions.

Plusieurs de ses descendants s'établirent en Nouvelle-France après la déportation des Acadiens. Le frère Adrien Bergeron, un patient chercheur, écrit que, de nos jours, des milliers de Bergeron issus de la petite *Cadie* de Saint-Grégoire de Nicolet l'ont pour ancêtre: il a pu retracer pas moins de 1625 actes au sujet de cette grande famille, en l'espace d'un siècle et demi, dans les registres de cette paroisse!

Un Parisien, le plus prolifique des ancêtres Bernier

Rares sont nos pionniers qui ont eu l'honneur de se marier dans la demeure du gouverneur de la colonie. Tel fut le cas de Jacques Bernier, dit Jean de Paris, le premier du nom à fonder un foyer en Nouvelle-France. C'est le 23 juillet 1656 que le père Jérôme Lalemant lui donna la bénédiction nuptiale, ainsi qu'à Antoinette Grenier. Les époux étaient de Paris, respectivement des paroisses Saint-Germain-l'Auxerrois et Saint-Laurent. Bien sûr, Jean de Lauzon assistait à la cérémonie; il avait été nommé gouverneur cinq ans plus tôt, grâce à l'appui du père Lalemant.

C'est dans l'île d'Orléans que le couple s'établit. Il fallait beaucoup de courage pour braver l'instinct belliqueux des Iroquois: le 20 mai de la même année (1656), 300 d'entre eux y avaient détruit la bourgade où s'étaient réfugiés les Hurons qu'ils avaient chassés de la région des Grands Lacs.

Jacques Bernier fut un censitaire de Jacques Gourdeau et de son entreprenante épouse, Éléonore de Grandmaison, qui avaient obtenu du gouverneur Lauzon un fief de 40 arpents de front sur toute la largeur de l'île. Le 19 mars 1659, les seigneurs lui concédaient une terre, qu'ils agrandirent deux ans plus tard. Le colon trimait dur: dès 1667, il mettait 25 arpents en valeur et possédait huit têtes de bétail. Trois domestiques le secondaient. Le toit familial abritait déjà cinq enfants.

Est-ce la menace iroquoise qui l'amena à quitter l'île d'Orléans? En 1672, l'intendant Talon concédait à Geneviève de Chavigny le fief de Vincelotte, d'une lieue de front sur le Saint-Laurent «depuis le cap Saint-Ignace, icelui compris», ce qui le situe bien, cet accident géographique ayant donné son nom à l'une des municipalités de la Côte du Sud. Deux ans plus tard, Jacques Bernier vend ses terres de l'île et déménage sur une autre, de neuf arpents de largeur sur quarante de profondeur, qu'il a obtenue en 1673 de la veuve de Chavigny, devenant ainsi le premier colon du Cap-Saint-Ignace. C'est sa chaumière qui servira de première chapelle.

En 1684, le prospère colon devient à son tour seigneur par l'achat du fief de la Pointe-aux-Foins, qui avait été concédé par Talon à Guillaume Fournier en 1672. Il décédera en 1713, à l'âge de 80 ans et sera inhumé au Cap-Saint-Ignace.

Le couple Bernier/Grenier eut onze enfants, dont six fils, et quatre de ceux-ci fondèrent à leur tour des foyers: Pierre, qui devint seigneur de la Pointe-aux-Foins, après la mort de son père, avec Françoise Boulay, fille de Robert et de Françoise Garnier, en 1689 (13 enfants dont 7 fils); Charles avec Marie-Anne Lemieux, fille de Guillaume et d'Élisabeth Langlois, en 1694 (13 enfants dont 9 fils); Jean-Baptiste, cinq jours seulement après Charles, avec Geneviève Caron, fille de Jean et de Marguerite Gagnon (10 enfants dont 4 fils); et Philippe avec Ursule Caron, sœur de Geneviève, en 1701 (également 10 enfants, dont 6 fils).

En 1960, au Cap-Saint-Ignace, on dévoila un monument à la mémoire du pionnier, lors d'un grand ralliement auquel participèrent environ 2 000 de ses descendants.

Au moins trois autres Bernier se sont établis en Nouvelle-France au cours du XVIIe siècle. Ils étaient originaires du Poitou.

Le premier d'entre eux, Mathurin Bernier dit La Marzelle, venu du bourg de Bessay, non loin de La Roche-sur-Yon, épousa à Montréal, en 1670, Jeanne Vilain, fille de Jean, maître orfèvre parisien, et de Jeanne Barbée. Le couple eut quatre enfants dont deux fils. L'un d'eux mourut au berceau. Le généalogiste René Jetté mentionne que l'autre, François, prit pour compagne Atchica Penicoua, une Amérindienne, au fort Kaskaskia, chez les Illinois. Une seule fille serait née de cette union.

Le deuxième allait être plus prolifique. En 1693, à Charlesbourg, André Bernier, fils de Pierre et de Marguerite Baraton, de la paroisse Saint-André de Niort, conduisait à l'autel Jeanne Bourret, fille de Gilles et de

Le donjon de Niort est un énorme édifice double qui date du XIIe siècle. Il abrite de nos jours un musée d'ethnographie régionale.

Marie Bellehache. Niort est de nos jours le chef-lieu du département des Deux-Sèvres. Située à environ 74 km au sud-ouest de Poitiers, au point de rencontre des N 11 et 148, la commune est riche en monuments historiques. Son imposant donjon date des XIIe et XIIIe siècles, et son église Notre-Dame, de la fin du XVe.

Le couple Bernier/Bourret eut 11 enfants tous nés à Charlesbourg, dont six fils. En 1724, André épousa Marie-Françoise Bernard dite Larivière, fille d'Hilaire et de Marie-Madeleine Voyer (12 enfants dont 8 fils). En 1734, Barthélemi conduisit à l'autel Marie-Jeanne Charest, fille de Jacques, dit Parisien, et de Jeanne Dubois (7 filles). Cinq ans plus tard, Jean-François unissait sa destinée à celle de Marie-Jeanne, fille de Jean-Baptiste Chrétien et de Catherine Roy (6 enfants dont 4 fils). Les trois autres fils décédèrent en bas âge.

Quant aux filles, deux seulement atteignirent l'âge adulte: Marie-Anne, qui épousa Hilaire Martin en 1719, et Charlotte, qui s'unit à Jean-Baptiste Boutin en 1722.

Le troisième Bernier d'origine poitevine, prénommé Jacques comme son homonyme parisien, était de Fontenay-le-Comte, et c'est comme navigateur et maître de barque qu'il parvint à assurer la subsistance de ses deux familles, car il contracta deux unions à Québec, en 1698 et en 1711.

Fontenay-le-Comte est à 31 km au nord-ouest de Niort, au point de rencontre des D 148 et 938ter. En fait, ces deux importantes communes encadrent pour ainsi dire le Marais Poitevin, si réputé auprès des touristes. Capitale du bas Poitou, Fontenay-le-Comte possède aussi un riche passé, de même que de nombreuses maisons des XVIe et XVIIe siècles.

Jacques Bernier épousa tout d'abord Élisabeth Derome, fille de Denis et de Jacqueline Roulois, qui lui donna cinq enfants, dont un seul fils décédé au berceau. Sa

Le monument à la mémoire du capitaine Joseph-Elzéar Bernier a été érigé sur le terrain du musée maritime qui porte son nom, à L'Islet-sur-Mer.

seconde compagne, Angélique Greslon, fille de Jacques et de Jeanne Vignault et veuve d'Anet Boutin, avait déjà été mère de onze enfants. Elle en donna cinq à son deuxième mari, dont deux fils, Charles et Pierre. Les dictionnaires généalogiques ne nous renseignent pas cependant sur ce qu'il advint d'eux.

Quant aux Bernier de la Côte du Sud, plusieurs ont joué un rôle important. Mentionnons de façon particulière le grand navigateur Joseph-Elzéar Bernier, le célèbre explorateur de l'Arctique, dont un monument et un important musée rappellent la mémoire à L'Islet-sur-Mer. On a donné son nom au premier navire de recherche sismique construit au Canada et à un brise-glace qui parvint à faire le tour de l'Amérique du Nord en 1976.

Les Boileau de Chambly
et de l'île Bizard

Nos Boileau de vieille souche descendent essentiellement de deux ancêtres qui se prénommaient Pierre, l'un originaire du Poitou et l'autre, de Bretagne.

Fils d'Edme et de Geneviève Girard, le premier était de la ville même de Poitiers. Avant la fin du XVIIe siècle, il habitait à Saint-François-du-Lac. Il jeta tout d'abord son dévolu sur une jeune fille née aux Trois-Rivières, Marguerite Laspron, mais l'entente fut annulée par-devant un notaire de cette ville, Séverin Ameau, en 1698. Huit ans plus tard, à Boucherville, il épousait Marguerite Ménard, fille de Maurice et de Madeleine Couc; ce dernier couple s'était marié à Michillimakinac; Madeleine était la fille de Pierre et de Marie Miteouamigoukoué, une Algonquine.

C'est le curé de la paroisse qui bénit le mariage, mais parmi les personnes présentes, on note le vicaire général de l'évêque de Québec, le sulpicien Vachon de Belmont.

Le couple Boileau/Ménard s'établit à Chambly, et c'est là que naquirent ses neuf enfants. Dans les *Mémoires* de la Société généalogique canadienne-française (juin 1985), Mme Jeanne Grégoire rendait compte de ses recherches au sujet de cette progéniture. L'aîné des fils, René, fut le premier défricheur des bords de la rivière Richelieu, en face de l'île aux Noix. En 1732, il conduisit à l'autel Marie-Anne Robert, fille de Prudent et de Madeleine Fafard dite Delorme. René décéda à Chambly en 1772. La pointe à Boileau occupait un emplacement stratégique. En 1757, le marquis de Montcalm s'y arrêtait, en route pour Carillon, et signalait que l'occupant du «campement à Boileau» avait quitté les lieux à cause de la guerre.

Marguerite-Françoise, née en 1710, épousa en 1732 Jean Gaboriau dit Lapalme, un soldat de la compagnie de Contrecœur. Marie-Louise, née en 1721, fonda un foyer en 1749 avec Laurent Perrot et lui donna huit enfants, selon le généalogiste Tanguay. Marie-Madeleine, née en 1719, choisit pour compagnon de vie, en 1745, Jacques Sachet et lui donna sept enfants, selon la même source.

Pierre, qui vit le jour en 1716, ne se maria qu'à l'âge de 33 ans, probablement parce qu'il s'engageait comme *voyageur*, ainsi que l'on désignait ceux qui étaient chargés d'approvisionner les forts lointains et d'en rapporter des fourrures. Ainsi, en 1738, ses services étaient retenus pour une expédition au fort de la Reine (Portage-la-Prairie, Manitoba). De son mariage avec Agathe Heu (Hus dite Millette), fille de Marc-Antoine et de Françoise Lavallée, naquirent sept enfants, dont deux fils.

Le dernier des fils, Michel, né en 1735, unit sa destinée, au fort Saint-Frédéric (Crown Point, N.Y.), à celle de Catherine la Villette (Laviolette), fille de François et de Catherine Brousseau. Il s'y trouvait en poste, en qualité d'interprète. Hélas, il décéda au début de 1756 et ne fut père que d'un enfant posthume.

Le généalogiste René Jetté mentionne deux autres filles issues du couple Boileau/Ménard, décédées en bas âge.

Peu après le début du XVIIIe siècle arrivait en Nouvelle-France un autre Pierre Boileau, un soldat breton qui servait dans les troupes du détachement de la Marine. Il

La maison ancestrale des Bouleau (Boileau), à Malansac, en Bretagne. Elle porte le millésime 1629.

épelait son patronyme Bouleau, qui allait devenir Boulo, Boilau, puis Boileau.

Ce militaire était originaire du bourg de Malansac. C'est aujourd'hui une commune de près de 2 000 habitants située dans le canton de Rochefort-en-Terre (Morbihan), à toute proximité de la D 775, à une vingtaine de kilomètres à l'ouest de Redon. Mme Françoise Boileau-Drapeau, de Boucherville, y a retrouvé la demeure ancestrale, qui porte le millésime 1629.

Le 6 août 1724, Pierre Boileau signait un contrat de mariage à Montréal, par-devant le notaire Adhémar, avec Madeleine Lahaye, fille de Jean et de Marie-Madeleine Swarten. En fait, Jean et Marie-Madeleine étaient d'origine étrangère: les Français et les Abénaquis les avaient faits prisonniers en Nouvelle-Angleterre en 1690. Lors du contrat, Pierre Boileau se dit fils de Guillaume et de Françoise Texier, et même s'il est déjà propriétaire d'une terre, son futur beau-père s'engage à placer à sa disposition, pendant

L'église de Malansac, dans l'actuel département du Morbihan, bourg natal de l'ancêtre des Boileau de l'île Bizard.

trois années consécutives, un terrain suffisant pour ensemencer dix minots de blé; il lui donne en plus une vache laitière, un cochon, une demi-douzaine de poules et un coq. L'union fut bénite le 7 août à Saint-Laurent par le sulpicien Jean-Pierre Miniac, en présence du grand vicaire Yves Priat. Ces deux derniers étaient des Bretons, tout comme le marié.

Lorsqu'en 1731, les sulpiciens dressent une liste de leurs censitaires, Pierre Boileau est établi à Saint-Laurent, sur une terre de quatre arpents et demi de front sur trente de profondeur, avec maison, grange et étable. C'est là que naîtront les deux premiers enfants, Marie-Marguerite et Pierre-Jean. Les six suivants, cependant, seront baptisés à la Pointe-Claire: Marie-Geneviève (1728), Jean-Baptiste-Amable (1730), Jacques-Amable (1734), Marie-Josèphe (1737), Louis-Amable (1738), et Augustin-Amable (1740). Décidément, le couple avait une prédilection pour le prénom Amable!

En 1678, le gouverneur Frontenac avait concédé à Jacques Bizard, major de Montréal, une île que l'on désignait sous le nom de Bonaventure, mais qui prit le nom de son propriétaire. Celui-ci ne s'intéressa pas à la mise en valeur de l'île. C'est un autre seigneur, Charles Renaud Du Buisson, major des Trois-Rivières, qui s'en occupa. Le 13 janvier 1735, il concédait à Pierre Boileau une terre de quatre arpents et demi de front sur vingt de profondeur.

Tous les enfants se marièrent à leur tour, mais dans une *Histoire de l'île Bizard* parue en 1976, on souligne que c'est à deux fils de Jacques, prénommés Michel et Jacques, que l'on doit la majeure partie de la descendance des Boileau dans l'île. Le père, qui avait épousé Marie Lauzon en 1759, occupait six ans plus tard une terre de 60 arpents. Le couple eut 18 enfants, dont dix moururent jeunes. Jacques Boileau (aîné) était capitaine de milice.

Quant au pionnier, Pierre, il décéda dans l'île Bizard en 17ᴜ8, à l'âge de 76 ans. Son épouse l'avait précédé dans la tombe en 1754.

Chez les Bouchard, un ancêtre pionnier de l'assurance-santé

Dans la petite commune de Saint-Cosme-en-Vairais, située dans la Sarthe, juste au sud des limites de l'ancien comté du Perche, cent mille Bouchard canadiens saluent les passants: c'est en tout cas ce que rapporte une inscription à la mémoire de Claude Bouchard, qui quitta son bourg natal au milieu du XVIIe siècle pour s'établir en Nouvelle-France. «100 000 Bouchard canadiens fêtent ce souvenir, que St Cosme gardera», précise cette plaque dévoilée en 1951.

Tous nos Bouchard ne descendent pas d'un seul et même ancêtre: au moins six pionniers de ce nom arrivés au cours de ce siècle ont eu des fils. Le premier Bouchard qui fonda un foyer en Nouvelle-France se prénommait aussi Claude, et comme lui et l'autre vécurent sur la côte de Beaupré, il prit le surnom de Dorval ou d'Orval, qui désignait, selon certains, le lieu-dit où il avait vu le jour, sur l'actuelle commune de Montigny-Lengrain, près de Soissons (Picardie). Pour bien distinguer le second, on finit par lui donner le surnom de Petit Claude.

Claude Bouchard dit Dorval épousa vers 1650 Geneviève Hayot, fille de Thomas et de Jeanne Boucher. Hélas! Geneviève décéda lors de la naissance d'une première fille qui la suivit dans la tombe au début de mars

1651. Le veuf contracta une seconde union, en novembre suivant, avec Marguerite Bénard, elle-même veuve de César Léger et fille de Denis et de Marguerite Michelet. Le couple eut sept enfants dont cinq fils. Deux de ceux-ci se firent coureurs de bois.

Les trois autres prirent épouse: Jean en 1679 avec Madeleine Cloutier, veuve de Pierre Gravel et fille de Zacharie et de Madeleine Émard (9 enfants dont 4 fils); Claude en 1694 avec Marie-Madeleine Bélanger, fille de Charles et de Barbe Cloutier (3 filles et un fils décédé en bas âge) et Jean-Baptiste en 1695 avec Marie-Antoinette Chouart, veuve de Jean Jalot et fille du célèbre coureur de bois Médard Chouart, sieur des Groseilliers, et d'Hélène Martin (6 enfants dont 4 fils). C'est à l'un des fils de ce couple, prénommé Jean-Baptiste comme son père, que la ville de Dorval doit son nom, car il portait le surnom de d'Orval. Marchand de fourrures, il avait acquis en 1691 les îles Courcelles et le fief de La Présentation (Dorval).

L'ancêtre Claude était chirurgien. Il signait *Bouchart*, épellation que plusieurs de ses descendants ont fidèlement conservée.

Quant au *Petit Claude*, il était originaire de Saint-Cosme-en-Vairais, un bourg de l'ancienne province du Maine (maintenant commune de la Sarthe), d'où nous sont venus une trentaine de pionniers. Depuis Bellême (au sud de la forêt du Perche), les D 938 et 301 y conduisent en 14 km.

Fils de Jacques Bouchard et de Noëlle Touschard, Claude, qui était tailleur d'habits, épousa en 1654, à Québec, Louise Gagné, fille de Louis et de Marie Michel. Le couple eut douze enfants dont six fils. Trois de ceux-ci fondèrent des foyers: François en 1699 avec Marguerite Simard, fille de Noël et de Marie-Madeleine Racine (17 enfants dont 7 fils), Antoine en 1704 avec Madeleine Simard, sœur de Marguerite (11 enfants dont 6 fils) et Louis en 1715 avec Suzanne Lefebvre, fille de Pierre et de

Marguerite Gagné (5 enfants dont 2 fils). L'une des filles, Marie, prit le voile à la Congrégation de Notre-Dame; quatre autres s'allièrent à des colons nommés Lavoie, Jobidon, Tremblay et Simard.

Le couple Bouchard/Gagné se fixa tout d'abord au Château-Richer, puis à la Petite-Rivière-Saint-François, d'où les alliances avec les Simard et les Tremblay. En 1975, les citoyens de cette dernière localité ont dévoilé une inscription à la mémoire du pionnier Claude Bouchard, pour marquer le troisième centenaire de son arrivée. Pour lui rendre hommage, on a orné le monument d'une faux et d'une charrue.

Le troisième Bouchard fut aussi un pionnier, mais dans un domaine fort différent: l'assurance-santé! Prénommé Étienne, il était le fils de Pierre et de Nicole Charland, de Paris. Il arriva à Ville-Marie en 1653, après s'être engagé à y demeurer cinq ans comme chirurgien. En 1655, il passait devant Lambert Closse un contrat avec 42 habitants de Ville-Marie, s'engageant auprès d'eux, moyennant cent sous par année, à les soigner de toutes sortes de maladies

À Saint-Cosme-en-Vairais, cette plaque évoque la mémoire de Claude Bouchard, dit Petit Claude.

À la Petite-Rivière-Saint-François, les citoyens ont érigé ce monument à la mémoire de Claude Bouchard dit Petit Claude, arrivé en 1675. Une faux et une charrue saluent le méritoire défricheur.

«tant naturelles qu'accidentelles», sauf s'il s'agissait de peste, de grosse vérole, de lèpre, du mal caduc ou de l'«opération de la pierre».

Deux ans plus tard, il épousait à Québec Marguerite Boissel, fille de Jacques et de Marie Éripel, qui lui donna sept enfants. Au moins l'un des fils se maria à son tour, Paul, en 1687, avec Louise Leblanc, déjà veuve de Michel Lecours et de Guillaume Boissel, son oncle (aucune postérité). Le couple Bouchard/Boissel connut une vie mouvementée dont M. Lionel Audet-Lapointe a donné un résumé dans les *Mémoires* de la Société généalogique canadienne-française (vol. XIII, p. 241).

Saluons trois autres pionniers dont des fils fondèrent des foyers: Michel, Nicolas et René.

Originaire de l'Aunis, Michel épousa au Château-Richer, en 1662, Marie Trotin, fille de Jean et de Madeleine Blanchard. Le couple s'établit au Château-Richer, et finalement à la Rivière-Ouelle. Il eut huit enfants dont au moins cinq fils fondèrent des familles: Étienne (1692) avec Marie-Madeleine Meunier, Charles (1690) avec Madeleine Dubé, Gabriel (1701) avec Marie-Françoise Lizot et Pierre (1699) avec Marie-Anne Bourassa. Marie décéda vers 1680 et Michel s'établit à Québec, où il ouvrit un cabaret. Un second mariage demeura sans progéniture.

Nicolas était le frère de Michel, et c'est à Beaupré, en 1670, qu'il conduisit à l'autel Anne Roy, fille de Pierre et d'Anne Fleury. L'aînée des enfants naquit à Beaupré, mais les cinq autres au Cap-Saint-Ignace. Les trois fils du couple se marièrent à leur tour: Pierre (1709) avec Marie-Catherine Fournier, Nicolas (1709) avec Anne Veau et Ignace (1712) avec Jeanne Roy.

Quant à René Bouchard, il était dit Lavallée. Maître taillandier, il passa toute son existence à Montréal, où il avait épousé, en 1696, Marie-Anne Sauvageau, fille de René et d'Anne Hubou. Le couple eut 16 enfants, dont neuf fils; au moins trois d'entre eux se marièrent à leur tour.

Les ancêtres Brisson venus d'Aunis, de Guyenne et de Lorraine

Il est rare que l'on puisse trouver le rôle des passagers embarqués pour la Nouvelle-France. Le 25 mai 1664, un voilier arrive en rade de Québec, «conduit par le sieur Filis», nous apprend le *Journal des Jésuites*. C'était le *Noir* et son capitaine était Pierre Fillye, de Brest. Or, la liste des passagers a été retrouvée aux Archives de la Charente-Maritime. Au nombre de ceux-ci, René Brisson, de La Rochelle, ancienne province d'Aunis.

En fait, ce pionnier était originaire de Saint-Xandre, une commune de plus de 3 000 habitants située à environ sept kilomètres au nord-est de La Rochelle, sur la D 9. Fils de Pierre et de Marie Navarre, il signa un contrat de mariage par-devant le notaire Paul Vachon moins de quatre mois après son arrivée, soit le 6 septembre 1664, avec Anne, fille du maître tonnelier Jacques Vézina et de Marie Boisdon. Au moment du mariage, René disposait déjà d'une concession sur la côte de Beaupré.

En novembre 1659, Nicolas Couillard de Belleroche, fils de Guillaume (gendre de Louis Hébert), cédait une terre à Antoine Duhamel dit Marette. Celui-ci, l'année suivante, déclarait avoir obtenu ce titre au profit de René Brisson. Couillard fut tué par les Iroquois en 1661. Le 1er janvier 1664, la mère de ce dernier, Guillemette Hébert (fille de

36

Louis), reconnaissait la validité de plusieurs concessions, dont celle accordée à Duhamel. C'est là que les recenseurs notent la présence du couple Brisson/Vézina en 1667, mais ils n'y constatent aucune culture. C'est probablement parce que René exerce à Québec son métier de boucher.

Le couple Brisson/Vézina eut neuf enfants, dont quatre fils. L'aîné de ceux-ci, qui portait le même prénom que son père, fonda un foyer, en 1696, avec Geneviève Têtu, fille de Pierre et de Geneviève Rigaud, qui lui donna quatre fils et cinq filles. En 1698, Charles conduisit à l'autel Marie Letartre, fille de Charles et de Marie Maheu (6 enfants dont 3 fils). En 1707, Jean unissait sa destinée à celle de Catherine Dancosse, fille de Pierre et de Marie-Madeleine Bouchard. Les dictionnaires généalogiques ne nous renseignent pas sur le destin du quatrième fils, François. Trois des quatre filles se marièrent aussi, à des colons nommés Mathieu Guay, Nicolas Julien et Nicolas Binet.

Les trois frères mariés se fixèrent à la Rivière-Ouelle. Plus tard, Jean s'installa à La Pocatière, vers 1715.

On ne connaît pas la date exacte de la mort de l'ancêtre René, mais ce fut entre le 11 novembre 1697 et le 24 novembre 1698, dates des contrats de mariage de sa fille Geneviève et de son fils Charles. Quant à Anne Vézina, elle décéda le 29 décembre 1687; sa mère était morte la veille. Leur sépulture eut lieu le 31 décembre. Anne n'avait encore que 36 ans; elle avait épousé René Brisson à l'âge de 12 ou 13 ans.

En 1964, les familles Brisson rendaient hommage aux ancêtres René Brisson et Anne Vézina au moyen d'une inscription apposée sur la façade d'une pittoresque chapelle de procession, à L'Ange-Gardien, mais elle fut plus tard retirée parce que, disait-on, René ne pouvait être considéré comme un pionnier de la paroisse bien qu'il s'y fût marié et que certains de ses enfants y avaient été baptisés.

1664   1964

CHAPELLE DÉDIÉE AUX FAMILLES BRISSON
À L'OCCASION DES FÊTES DE LEUR TRICENTENAIRE

EN HOMMAGE
À RENÉ, PREMIER ANCÊTRE BRISSON
VENU AU CANADA ET À SON ÉPOUSE
ANNE VÉZINA, PIONNIERS DE
L'ANGE-GARDIEN.
LE 27 SEPTEMBRE 1964

En septembre 1664, les familles Brisson se réunissaient, sur la côte de Beaupré, pour marquer le tricentenaire du mariage de René Brisson et d'Anne Vézina. On procéda au dévoilement de cette inscription apposée sur la façade d'une chapelle de procession de L'Ange-Gardien, mais on l'enleva plus tard, peut-être parce qu'il aurait été délicat de dédier une chapelle à un seul groupe de familles portant le même patronyme.

Le deuxième ancêtre de nos Brisson, par ordre chronologique, était originaire de la paroisse Saint-Seurin de Bordeaux (France). Fils de Sébastien Brisson et de Jeanne Lacoste, il portait le même prénom que son père. À Montréal, en 1709, il épousait Catherine Pillat, fille de Pierre et de Marguerite Moulinet et veuve de Pierre Charron, à qui elle avait donné douze enfants; elle avait 60 ans bien révolus, de sorte que l'union demeura sans postérité. Bordeaux était alors dans l'ancienne province de Guyenne.

En 1722, à Repentigny, Sébastien se remariait, à Marie-Marguerite Rivière, fille de Pierre et de Marie-Anne

La ville de Bordeaux, en Gironde, dont originait l'ancêtre Sébastien Brisson, conserve sa célèbre porte dite « de la Grosse-Cloche », qui donne accès à la rue Saint-James. Elle date des XIIIe et XIVe siècles.

Mousseau et veuve de Jacques Beaudoin. Elle avait été mère de neuf enfants et en présenta un, Mathurin, à son nouveau mari. Baptisé en 1723, Mathurin épousa à L'Assomption, en 1753, Marie-Josèphe Janson dite Lapalme, fille de Christophe et de Madeleine Gauthier.

Mais un autre Sébastien Brisson apparaît dans les dictionnaires généalogiques, probablement un fils naturel que Sébastien (père) aurait eu de Marie Bruneau, fille de François et de Marie Prévost. Il épousa à Lachine, en 1721, Marie-Anne Morel dite Lafontaine, fille naturelle de Jacques et de Marguerite Barsa, et fille adoptive de Claude Sansart. Selon le généalogiste René Jetté, ce couple a eu quatre enfants dont deux fils, mais il semble que l'énumération n'en est pas complète. Le père Archange Godbout, premier président de la Société généalogique canadienne-française, mentionne pour sa part dix enfants dont cinq fils, et au moins trois de ceux-ci se seraient mariés à leur tour.

Pour terminer, évoquons la mémoire d'un troisième ancêtre, Nicolas Brisson, fils de Christophe et de Thérèse Blondot, originaire du Badonviller, qui vint au Canada dans les rangs du régiment de Languedoc. Badonviller est de nos jours une commune de Meurthe-et-Moselle. Elle compte un peu moins de 2 000 habitants et est située sur la D 992. Depuis Lunéville, la N 4 conduit vers l'est, en 16 km, jusqu'à la départementale susmentionnée qui, sur la droite, atteint Badonviller en 13 km. Nicolas était donc Lorrain.

Au Canada, Nicolas rencontra la veuve d'un autre soldat, Marie-Josèphe Paysan, et en fit sa compagne sans l'épouser. Deux fils naquirent de leur cohabitation, Nicolas-Jacques (1758) et Ambroise (1760), à Montréal, où l'unité du père était en service. Le 8 septembre 1760, Montréal capitulait. Au cours des semaines suivantes, les troupes françaises se rembarquèrent, et Nicolas avec elles, laissant sa compagne et ses deux fils.

Dans un article portant sur l'ancêtre (*Mémoires*, Soc. généal. can.-française, # 163), Mme Estelle Brisson nous renseigne sur les deux fils. En 1787, Nicolas-Jacques épousait la belle-sœur de son frère, Agathe Gagnon, fille de Louis et de Marie Laporte, et fut père de 16 enfants. Ambroise avait pour sa part conduit Marie Gagnon à l'autel huit ans plus tôt; elle lui donna 15 enfants.

Dans *L'Escole brissonnière*, bulletin de l'Association des familles Brisson, M. Gilles Brisson écrit que de nombreux descendants des frères Nicolas-Jacques et Ambroise habitent les régions de l'Assomption et de Saint-Jacques-l'Achigan, de même que celle de Montréal. On en trouve également à Embrun, Ontario, et dans le village voisin de Brisson.

Chez les Charest:
de riches négociants et un chevalier

Les deux premiers Charest venus en Nouvelle-France étaient frères, les fils de Pierre et de Renée Merle, de la paroisse Sainte-Radegonde de la ville de Poitiers. Ils se prénommaient Jean et Étienne. L'église est un monument imposant. Elle comprend une abside et un clocher-porche roman de la fin du XIᵉ siècle, reliés par une nef de style gothique angevin. Le clocher-porche a été pourvu au XVᵉ siècle d'un portail flamboyant. La crypte abrite le tombeau de sainte Radegonde.

Jean était né vers 1640 et Étienne, quatre ans plus tard car, au recensement de 1666, ils se sont déclarés âgés respectivement de 26 et de 22 ans. Ils habitent alors l'île d'Orléans et se disent habitants et tanneurs. L'année suivante, ils exploitent la même terre, y mettent 20 arpents en valeur et possèdent trois têtes de bétail. Sans doute s'estiment-ils suffisamment bien établis pour songer au mariage.

C'est Jean qui, le premier, fonde une famille avec Élisabeth Guillot. Il signe son contrat par-devant le notaire Auber le 2 février 1669 et le couple reçoit la bénédiction nuptiale le lendemain. Élisabeth est la fille de Geoffroy Guillot et de Marie d'Abancourt dite la Caille. Cette dernière, avant d'épouser Guillot, était veuve de Jean Jolliet, donc mère de Louis Jolliet à qui le gouverneur Frontenac

Le clocher-porche roman de l'église Sainte-Radegonde, à Poitiers, date de la fin du XIe siècle.

devait confier le mandat, en 1672, d'explorer le Mississippi. Quant à Jean, il avait parlé mariage avec Sainte Cloutier, fille de Zacharie et de Madeleine Émard, en 1668, mais le projet avait été abandonné.

Malheureusement, Élisabeth décéda prématurément après avoir donné naissance à trois fils et Jean contracta une seconde union, en 1680, avec Marie Bourdon, déjà veuve de deux maris: Jean Gloria et Toussaint Toupin (sans postérité). L'un des fils issus du premier mariage décéda au berceau, et au moins un des deux autres, prénommé Jean comme le père, fonda à son tour une famille, en 1696, au Château-Richer, avec Catherine Jobidon, fille de Louis et de Marie de Ligny, qui devait lui donner dix enfants dont huit fils et, selon les sources généalogiques, quatre de ces derniers se marièrent à leur tour: Joseph (1725) avec Madeleine Chêne, Louis (1738) avec Marie-Josette Gariépy, François (1738) avec Marie-Josèphe Mercure et Antoine (1741) avec Marie-Anne Lapierre.

Le 24 août 1670, le deuxième frère, Étienne, passe son contrat de mariage par-devant le notaire Gilles Rageot avec Catherine Bissot, fille de François et de Marie Couillard. Il s'allie ainsi à deux familles importantes. François Bissot, sieur de La Rivière, procureur fiscal, juge-prévôt de la seigneurie de Lauzon, membre de la Compagnie des Habitants, a établi une tannerie à Lauzon en 1668; les frères Charest, qui connaissent bien le métier, lui seront associés. Quant à Marie Couillard, elle est la fille de Guillaume et de Guillemette Hébert, donc la petite-fille de Louis Hébert, le premier colon.

C'est à Lauzon que le missionnaire jésuite Henri Nouvel, l'apôtre des Papinachois, donna la bénédiction nuptiale au couple le 27 novembre 1670. Étienne sera père de 12 enfants. Quatre filles naissent tout d'abord. Marie Charlotte (1671) épousera Pierre-Gratien Martel en 1687 puis Augustin Le Gardeur en 1697. Marie-Ursule (1673) décède dès après sa naissance. Françoise (1674) sera conduite à l'autel par René Boucher en 1692. Quant à la quatrième, Geneviève (1676), on a perdu sa trace.

Naît ensuite un fils, Étienne (1678). En 1713, il fonde un foyer avec Anne-Thérèse Duroy, fille de Pierre et de Marguerite Levasseur, et, l'année suivante, il achète la seigneurie de Lauzon, qui appartenait jusque-là à Georges Regnard. Il est marchand tanneur et, visiblement, tire bien son épingle du jeu. Le couple Charest/Duroy aura quatre enfants dont l'un, Joseph, fut un riche négociant si l'on en juge par l'imposante maison qu'il se fit construire en 1757-58 et qui est un joyau de la place Royale, à Québec. Il joua

À gauche, la maison Saint-Amand (1667) et à droite, la maison Charest (1758). Celle-ci témoigne de l'opulence du négociant qui la fit construire. Étienne Charest a contribué au ravitaillement de la ville de Québec en 1759. La maison est située rue Saint-Pierre, à la place Royale.

un certain rôle dans la défense de la Nouvelle-France, notamment en y conduisant, au cours de 1759, des navires chargés de ravitaillement. Sa maison n'a pas échappé aux bombardements de Québec cette année-là, car, lors de sa restauration, on a trouvé un boulet encastré dans l'un des murs, au niveau de l'étage.

Le couple Charest/Duroy eut aussi un fils prénommé Étienne, comme le père. Il devait se signaler en 1759, ainsi que le rapporte un journal du siège de Québec. Le 1er juillet, les Anglais effectuaient un débarquement à la pointe de Lévis. Étienne Charest, qui se trouvait alors à Québec, demanda à Montcalm de mettre des soldats à sa disposition pour aller repousser l'ennemi qui s'avançait depuis Beaumont, mais il ne put en obtenir. Il franchit le fleuve tout de même à la tête d'une trentaine de Canadiens. Des Abénaquis vinrent le seconder, mais une poignée de braves ne pouvait arrêter 3 000 soldats en ordre de marche ! Tout en battant en retraite, rapporte le journal du siège, le petit détachement tua une soixantaine d'Anglais, ne subissant lui-même que trois blessés, dont un mortellement.

Mais revenons à l'énumération des enfants du couple Charest/Bissot. Les sixième et septième furent des filles : Marie, qui décéda à l'âge de 10 ans, et Catherine, qui devint en 1699 l'épouse de Pierre Trottier, à qui elle donna 16 enfants. Trois fils naquirent ensuite. Jean-Baptiste (1683), qui était dit Dufy ou Dufils, épousa, en 1714, Louise Allemand, fille de Pierre et de Louise-Marguerite Douaire de Bondy et veuve de Jean Brousse ; un seul enfant naquit de cette union, mais mourut aussitôt, car il est demeuré anonyme. Les deux fils suivants, Joseph-Alexis et Pierre, prirent la bure chez les récollets. Deux filles vinrent clore la famille : Marie-Madeleine ne vécut que cinq mois et Marie-Ursule serait décédée à l'âge de 28 ans, mais sans contracter mariage.

Revenons, pour terminer, sur Étienne, le fils du couple Charest/Duroy, qui s'était porté au-devant des Anglais en 1759. Il fut lui aussi seigneur de Lauzon, un des plus florissants domaines de la colonie. Après la Conquête, il vendit sa seigneurie à nul autre qu'au général Murray, qui était devenu gouverneur de Québec dès après la Conquête. Il se retira avec sa famille à Loches où il décéda en août 1783. Son acte de sépulture le disait «cy devant seigneur de la seigneurie de la pointe de Lévy en Canada, commandant des volontaires canadiens, chevalier de l'ordre royal et militaire de Saint-Louis». Il semble qu'Étienne Charest ait été le seul milicien canadien qui ait été fait chevalier; cet honneur lui fut conféré le 18 janvier 1776 pour services rendus comme capitaine de milice.

L'ancêtre des Chassé
a choisi l'exil plutôt que la geôle

La plupart de nos ancêtres ont franchi l'Atlantique parce que la région d'où ils venaient ne leur offrait pas la possibilité d'y tirer leur épingle du jeu. Ils étaient à la recherche de travail, et une fois leur engagement terminé, choisissaient de s'établir. Il y eut des exceptions, et l'ancêtre des Chassé en est une illustration.

Le sel est maintenant d'usage si commun qu'on ne saurait deviner la sévérité des règlements qui régissaient son commerce il y a trois siècles. Son extraction et son débit constituaient un privilège royal, en même temps qu'une importante source de revenus.

On comprendra que cette situation ait été une invitation à la contrebande. Le patronyme Saulnier évoque le métier de l'exploitant d'un marais salant ou d'un vendeur de sel. Le nom commun s'écrit maintenant *saunier* et l'on désigne comme faux saunier celui qui se livre à la vente illégale du sel. Pratique très lucrative, mais fort risquée, car les contrevenants se voyaient souvent condamnés aux galères. Parfois, le tribunal leur proposait une alternative: la geôle ou l'exil. C'est ainsi que, selon le regretté chercheur Gérard Malchelosse, plus de 600 faux sauniers sont passés en Nouvelle-France. Bien sûr, ils avaient commis un délit à l'égard des coffres de Sa Majesté, mais si tous ceux qui n'ont pas trompé le fisc leur jetaient la première pierre, ils ne seraient pas grièvement lapidés!

L'exil constituait certainement une bonne façon de ne pas encombrer les prisons. Ainsi, le 24 février 1733, 98 faux sauniers faisaient l'objet, en même temps que Jean Chassey, d'un ordre royal les envoyant au Canada. Les archives nous ont conservé leurs noms (voir le *Répertoire des actes de baptême, mariage, sépulture et des recensements du Québec ancien*, vol. 46, p. 416).

Dès son arrivée, Jean Chassey se trouve du travail aux forges de Saint-Maurice, de même que quatre autres faux sauniers. Possédait-il de l'expérience en métallurgie? Les techniciens qui assurèrent la mise en route et le fonctionnement de cette entreprise, la première industrie lourde de la Nouvelle-France, étaient majoritairement originaires de Champagne, de Bourgogne et de Franche-Comté. De cette dernière province nous sont venus des fondeurs, des marteleurs et des mouleurs. Chassey était originaire de Scey-sur-Saône, et un autre ouvrier engagé en même temps, faux saunier comme lui, Nicolas Grand'Maître, était de Combeaufontaine, un bourg voisin.

C'est en 1729 que le projet d'exploiter les gisements de fer de la seigneurie de Saint-Maurice fut proposé à l'intendant Hocquart par l'homme d'affaires montréalais François Poulin de Francheville, et c'est lui qui retint les services de Chassey. Malheureusement, Francheville décéda la même année.

Le généalogiste Hubert Charbonneau qui, avec la collaboration d'un collègue, Jacques Légaré, a dirigé la confection du précieux *Répertoire* mentionné précédemment (publié par les Presses de l'Université de Montréal) s'est penché sur les origines de la famille Chassé et a publié le fruit de ses recherches dans les *Mémoires* de la Société généalogique canadienne-française (vol. 43, p. 42). Nous lui empruntons les détails suivants sur l'existence de l'ancêtre franc-comtois.

Fut-ce à cause du décès du grand patron que Jean Chassey quitta les forges? Peut-être. Deux ans plus tard, on le retrouve dans la paroisse Saint-Louis de Kamouraska. Le 27 juin 1735, en effet, il y épouse Marie-Josèphe Migneau, fille de Pierre et de Jeanne Autin. Il se déclare fils de Sébastien Chassey et d'Élisabeth Grand'Maître. Vous vous souvenez de ce patronyme? C'était celui du compagnon de route de Jean qui était lui aussi entré au service des forges. Lors de son mariage, Jean se dit natif de Scey-sur-Saône (maintenant Scey-sur-Saône-et-Saint-Albin), à neuf kilomètres de Combeaufontaine, où sa famille s'était installée.

Assistent à la cérémonie, en qualité de témoins, Jean et Charles Miville. Serait-ce que la famille Miville avait embauché Jean Chassey? se demande M. Charbonneau. En tout cas, il s'établit en aval de Kamouraska, dans le futur territoire de Saint-André.

Le couple Chassey/Migneau a élevé plusieurs enfants. Dans les registres de Kamouraska, nous en avons relevé neuf comme suit: Jean-Baptiste (1736, décédé à l'âge de neuf jours), Jean-Baptiste (1737), Élisabeth (1739), Anne (1741), Sébastien (1743), François-Gabriel (1746), Marie-Catherine (1748), Joseph-Marie (1754), Marie-Josèphe (1755).

En 1742, Jean Chassey réussit à faire venir au pays ses quatre sœurs, son frère et sa mère. Il n'avait pu aller en France au-devant d'eux, car il y était interdit de séjour.

On note qu'il s'est écoulé un intervalle de six ans entre la naissance de Marie-Catherine et celle de Joseph-Marie, les septième et huitième enfants du couple. Doit-on l'attribuer au fait, comme le souligne M. Charbonneau, qu'il existe une lacune dans les registres de Kamouraska pour la période de novembre 1748 à octobre 1751? N'est-ce pas plutôt parce que le père s'est *absenté*?

Scène dans un grenier à sel, au XVIIIᵉ siècle. L'exploitation des salines était un privilège royal et quiconque se livrait au commerce illicite du sel risquait d'encourir des peines sévères. Souvent, les faux sauniers choisissaient l'exil plutôt que la prison. C'est ainsi qu'il en serait venu plus de 600 sur nos bords.

Jean Chassey était originaire de l'ancienne province de Franche-Comté, dont la capitale, Besançon, fut fortifiée au XVIIIᵉ siècle par Vauban. Cette ancienne gravure nous en montre un aspect à cette époque.

En 1747, Chassey et un comparse, Claude Carlos, subissent un procès criminel, le premier «pour avoir fait circuler de fausses ordonnances», et le second pour les avoir distribuées. C'est la terminologie qu'utilisent des pièces judiciaires conservées par les Archives nationales du Québec. Tout comme Chassey, Carlos était un faux saunier déporté au Canada et, comme lui, originaire du Jura. Or, ces «fausses ordonnances» étaient en fait de la monnaie de papier et toute contrefaçon était punie de mort. Chassey prit la fuite, car dans un ouvrage consacré aux crimes et châtiments, M. R. Boyer écrit qu'il fut «pendu en effigie par contumace pour majoration et falsification de monnaie et billets».

Jean Chassey revint au pays après un certain temps, puisque son fils Joseph-Marie vit le jour en février 1754. Trois ans plus tard, il devenait veuf et se remariait, avec Marie-Angélique Asselin, fille de Louis et de Marie-Angélique Dubé, et de 26 ans sa benjamine. Elle devait lui donner huit autres enfants. L'ancêtre Chassey décéda en 1798 à Saint-André-de-Kamouraska à l'âge de 86 ans.

Grâce à des recherches effectuées aux Archives départementales de la Haute-Saône, on a retracé les antécédents de l'ancêtre jusqu'à son trisaïeul (*Mémoires* de la SGCF, vol. 43, p. 211).

Chauvin : un patronyme au seuil de notre histoire

Les Chauvin se sont associés tôt à l'histoire de la Nouvelle-France. En effet, on considère Pierre de Chauvin de Tonnetuit, né à Dieppe, comme le fondateur de Tadoussac. En 1599, Henri IV lui accordait le monopole de la traite des fourrures en Nouvelle-France. Au cours de l'hiver suivant, il construisait, à l'embouchure du Saguenay, la première maison érigée par un Européen en un lieu qui devait toujours être habité par la suite. C'était quatre ans avant la tentative d'établissement du sieur de Mons sur l'île Sainte-Croix en Acadie et cinq ans avant la fondation de Port-Royal.

Lorsqu'en 1603, Samuel de Champlain remonte le Saint-Laurent, il s'arrête à Tadoussac et note les profondeurs de la baie. Il en résultera une carte sur laquelle on trouve une petite maison avec la mention: «abitasion du Capp^n chauvin de lan 1600».

Mais Pierre de Chauvin ne fut que de passage dans la colonie. Le premier pionnier de ce nom qui fonda un foyer sur nos bords se prénommait Michel et était dit Sainte-Suzanne. En 1647, à Québec, il épousa Anne Archambault, fille de Jacques, qui fut le premier puisatier de Ville-Marie. Le couple n'eut que deux enfants dont un fils qui ne vécut que quelques jours. Michel était originaire de Sainte-Suzanne, en Mayenne.

Le suivant, Marin Chauvin, était d'origine percheronne, plus précisément du bourg de Mesny situé sur l'actuelle commune de Saint-Mard-de-Réno, arrondissement de Mortagne-au-Perche. La ferme dont il partit sert aujourd'hui de décor à une merveilleuse gentilhommière, propriété de Parisiens. L'église paroissiale existe toujours, avec son portail Louis XIII, ses fenêtres du XVIe siècle et ses contreforts saillants.

Engagé par Noël Juchereau, Marin Chauvin franchit l'Atlantique en 1648 et, l'année suivante, aux Trois-Rivières, épousa Gillette Banne, fille de Marin et d'Isabelle Boire, qui ne lui donna qu'une enfant, Marie. Cette dernière s'allia au maître canonnier Rollin Langlois en novembre 1664. Devenue veuve après seulement deux mois de mariage, elle contracta une seconde union en 1665, avec l'arquebusier Jean Denoyon à qui elle donna neuf enfants dont des filles qui, par leurs époux, contribuèrent à perpétuer les patronymes Barbeau, Charbonneau et Lesueur; l'un des fils, Jacques, fut un pionnier de Boucherville.

Pierre Chauvin, dit Le Grand Pierre, un Angevin de l'arrondissement de La Flèche, arrivé à Ville-Marie en 1653 parmi la centaine d'artisans et de laboureurs recrutés pour sauver l'établissement en face de la menace iroquoise, fut le plus prolifique. Le 15 septembre 1658, il signait un contrat de mariage par-devant Bénigne Basset avec Marthe Hautreux, fille de René et de Françoise la Chaumerlier.

Lors du recensement de 1667, on trouve le couple sur une terre de 30 arpents située près du coteau Saint-Louis et qui lui a été concédée par Chomedey de Maisonneuve le 20 août 1655. Sous le toit familial babillent déjà trois enfants. Avec l'aide d'un domestique, Pierre met vingt arpents en valeur et possède cinq têtes de bétail.

Le pionnier ne manque pas de courage. Non seulement cultive-t-il sa terre, mais il exerce son métier de meunier. Le 26 novembre 1670, il loue un moulin appartenant probablement aux sulpiciens, seigneurs de l'île, car il passe un contrat à cet effet par-devant le notaire Basset, l'autre partie étant M. Mathieu Ranuyer, un clerc tonsuré arrivé l'année précédente pour agir comme maître d'école et économe du séminaire. Mais ceci ne l'empêche pas de continuer à cultiver. Lors du recensement de 1681, son exploitation s'étend sur 55 arpents, et son cheptel est passé à huit têtes. Il brasse pas mal d'affaires. En 1688, il loue un second moulin de la seigneurie de Boucherville et le couple se porte acquéreur de terres sur la rive sud. Pierre décéda en 1699 à Montréal, et sa veuve, en 1714, à Saint-François, île Jésus.

Pierre et Marthe eurent 11 enfants entre 1662 et 1684. Le généalogiste René Jetté signale que trois des fils s'établirent en Louisiane: Jacques, sieur de Charleville, Joseph, sieur de Léry, et Nicolas, sieur de La Fresnière.

Leur frère, Gilles, cependant, fit souche à Montréal. Tout d'abord avec Marie Cabazier, fille de Pierre et de Jeanne Guiberge, qui lui donna deux enfants dont un fils, puis avec Angélique Guyon, fille de Michel et de Geneviève Marsolet, qui fut mère de douze enfants, dont quatre décédèrent à leur naissance ou peu après. Les filles s'allièrent à des jeunes hommes appelés Perthuis, Catin, Petit et Métivier.

Un autre frère, Pierre, fut tué par les Iroquois, à Montréal, en 1691, à l'âge de 30 ans, et il ne semble pas avoir fondé de foyer, pas plus que trois autres, Louis, Paul et Jean-Baptiste, dont on sait d'ailleurs peu de chose.

Philibert Chauvin, venu du Poitou, épousa à Québec, en 1666, Jeanne de Lahaye, fille de Simon et de Jeanne de Cointes, mais le couple demeura sans postérité. Pierre Chauvin, dont on ne connaît pas l'origine, conduisit à

L'église de Saint-Mard-de-Réno est fort ancienne. Des contreforts saillants soutiennent son clocher et son portail est de style Louis XIII.

l'autel, à l'île d'Orléans, en 1668, Marie Boileau, fille de René et de Joachine Serrant. Seule une fille, Anne, naquit de cette union, mais elle décéda en bas âge.

Deux autres pionniers portant le même patronyme ont fondé des foyers dans la colonie avant la fin du XVIIe siècle. Le premier, Jacques, était forgeron et taillandier. Originaire de Malaville, non loin de Cognac, en Angoumois, il était déjà veuf au moment de franchir l'Atlantique. Le 16 janvier 1696, à Québec, il épousait Marie Cauchon, fille de Jean et de Madeleine Miville. Le couple eut huit enfants, tous nés à Québec, dont cinq fils. L'un d'eux, Charles, se fixa au Détroit. Lieutenant de milice, il y unit sa destinée, en 1726, à celle de Marie-Anne Casse dite Saint-Aubin, fille de Guillaume et de Marie-Louise Gauthier, qui étaient allés s'établir au Détroit vers 1708. Le couple Chauvin/Cauchon eut une dizaine d'enfants, et au moins trois des fils fondèrent à leur tour des foyers: Noël avec Jeanne Meloche en 1756, Charles avec Marie-Louise Boyer en 1761 et Jean-Baptiste avec Thérèse Séguin en 1767.

À Saint-Mard-de-Réno, une élégante gentilhommière a remplacé la modeste demeure d'où Marin Chauvin partit pour la lointaine Nouvelle-France.

Mentionnons enfin Jean Chauvin, originaire de Fresquienne, en Normandie, fils de Jean et de Marie-Catherine Duval. Le 29 avril 1696, il épousa à Boucherville Marie Fauconnet, qui lui donna une fille, puis, au même endroit, en 1702, Marie-Madeleine Courtois, fille de Jean et de Catherine Daniel, qui fut mère de huit enfants tous nés à Boucherville. Deux de leurs fils, Jean et François, épousèrent les deux sœurs Blain, Marie-Marthe et Madeleine, filles de Louis et de Marguerite Lumineau.

Bourgogne et Provence
à l'honneur chez les Clément

Quatre pionniers ont transplanté le patronyme Clément en Nouvelle-France, depuis des régions fort différentes: Lorraine, Picardie, Bourgogne et Provence, mais c'est de ces deux dernières provinces que vinrent essentiellement les ancêtres de nos familles qui le portent.

Dès 1659, le farinier Pierre Clément, originaire de Surgères, en Aunis (Charente-Maritime), épousait à Québec Louise Gelé, veuve du marchand Mathurin Robert, mais le couple demeura sans postérité.

Le premier qui fit souche fut Jean Clément dit Lapointe, fils de Jean et d'Anne Martin, de Nancy, en Lorraine. En 1659, il joignit sa destinée, à Québec, à celle de Madeleine Surget, originaire de Soubise, près de Rochefort, et fille de François et de Marguerite Gravel. Lors du recensement de 1666, on trouve le couple fixé sur la côte de Beaupré où, l'année suivante, il met cinq arpents en valeur. Cinq enfants naquirent de cette union, tous au Château-Richer, dont trois filles qui, seules, semble-t-il, fondèrent à leur tour des foyers: Marie, en 1679, avec François Vézina, Jacquette, en 1680, avec Philippe Plamondon, et Madeleine, en 1685, avec Charles-Marin Deniau.

Jean Clément quitta le Château-Richer pour s'établir à La Prairie de la Magdeleine, et c'est là que furent inhumés ses deux fils, tout d'abord le benjamin, Antoine, en 1680, puis l'aîné, Jean-Marc, qui se noya en avril 1687.

Philippe Clément, sieur DuVault, né en Picardie et qui fonda un foyer à Québec en 1687, avait des titres de noblesse remontant au XIIe siècle. Sans doute passa-t-il en Nouvelle-France à la suggestion de sa tante par alliance, Anne Gasnier. Celle-ci, d'origine parisienne, était l'épouse d'un personnage qui était capitaine de trois compagnies de chevau-légers (corps de cavalerie attaché à la personne du souverain), et peut-être est-ce pour cela qu'il ne franchit pas l'Atlantique. Anne Gasnier devait se remarier, en 1665, avec l'industrieux Jean Bourdon, ingénieur, arpenteur et cartographe, alors procureur général du Conseil souverain.

Philippe choisit pour compagne de vie Jeanne, fille de l'entreprenant François Bissot de La Rivière, seigneur de Vincennes, décédé en 1673. Le couple n'eut que deux enfants, des fils. Les dictionnaires généalogiques ne mentionnent aucune progéniture au premier, né en 1691, alors que le second, Jean, ne vécut que quatre mois en 1694.

Les deux autres Clément, venus de Bourgogne et de Provence, connurent des unions plus prolifiques.

C'est en qualité de soldat que Léonard Clément dit Labonté passa dans la colonie. Il était originaire de Clamecy, évêché de Nevers (Bourgogne). C'est de nos jours une commune de plus de 5 000 habitants, située à 42 kilomètres au sud d'Auxerre. La N 151 unit les deux villes. Les rues de Clamecy sont bordées de maisons des XVe et XVIe siècles qui entourent l'église Saint-Martin, dont la belle façade flamboyante retient l'attention des amateurs d'architecture.

En 1699, à Sainte-Famille, île d'Orléans, Léonard Clément conduisait à l'autel Marie-Jeanne Morisset, fille de Jean et de Jeanne Choret. C'est là que naquirent les deux premiers enfants de la famille, mais celle-ci s'établit ensuite dans la seigneurie de La Durantaye, l'une des trois qui ont été concédées dans la plaine côtière de Bellechasse, dont la rive est jalonnée de trois bourgs: Beaumont, Saint-Michel et Saint-Vallier. C'est à Beaumont que seront baptisés la plupart des autres enfants.

Le magnifique clocher de l'église Saint-Martin domine Clamecy, commune de Bourgogne, d'où nous est venu l'ancêtre Léonard Clément dit Labonté.

Le couple Clément/Morisset eut 14 enfants, dont six fils. Trois moururent en bas âge et les autres fondèrent des foyers: Louis, en 1733, avec Marie-Madeleine Plante, fille de Pierre et de Marguerite Patenaude (12 enfants dont 8 fils), André, en 1736, avec Marie-Françoise Dubeau, fille de Pierre et de Marie Rhéaume (10 enfants dont 2 fils) et Ignace, en 1749, avec Véronique Fleuret, fille de Jean et de Madeleine Charron (7 enfants dont 2 fils).

Certains descendants de Léonard Clément prirent pour patronyme le surnom de l'ancêtre pour devenir des Labonté. Ce dernier décéda à Saint-Michel (Bellechasse) en 1757. Son épouse l'avait précédé dans la tombe un an plus tôt.

Faisons maintenant connaissance avec le pionnier Clément venu de Provence. Tout comme Tartarin, le célèbre personnage d'Alphonse Daudet, il était de Tarascon, non loin d'Arles. Depuis Avignon, la Cité des Papes, la N 570 conduit à Tarascon, sur les bords du Rhône, en 23 kilomètres. Cette commune est surtout connue par son majestueux château des comtes de Provence (XIV-XVe s.).

Pierre Clément dit Larivière épousa à Montréal, en 1702, Marie Prézeau, fille de Michel et de Marie Chancy. Selon le généalogiste René Jetté, le couple eut douze enfants. Vers 1704, il se fixa à Lachine puis, une dizaine d'années plus tard, à la Pointe-Claire. Au moins deux des fils se marièrent: Bernard, dit Larivière et Chambly, à Lachine, en 1721, avec Marie Messaguier dite Laplaine, fille de Hugues et de Marie-Jeanne Renouard, et Antoine, à la Pointe-Claire, en 1727, avec Marie-Anne Bourdon, fille de Marin et de Marie-Anne Charles. Au moins quatre des filles fondèrent aussi des foyers: Marie-Louise avec Raymond Labrosse, Angélique avec Jacques Bigras, Marie-Josèphe avec Jean-Baptiste Jamme dit Carrière et Marie-Charlotte avec Étienne Benoît.

Le château de Tarascon, en Provence, domine le Rhône. C'est à l'ombre de son altière silhouette que naquit Pierre Clément dit Larivière, qui décéda à la Pointe-Claire en 1725.

Pierre Clément décéda à la Pointe-Claire en 1725, à l'âge de 60 ans. Sa veuve contracta une seconde union, trois ans plus tard, avec Alexis Bigras, le frère de Jacques, époux de sa fille Angélique. Marie Prézeau avait alors 49 ans, et Alexis, 23 ans. Elle devenait ainsi la belle-sœur de sa propre fille! Même Tartarin de Tarascon en aurait été médusé.

On ne saurait soupçonner les Clément de froideur à l'égard de l'Église. Le 2 août 1959, à Saint-Justin (Maskinongé), on honorait par un banquet la famille de M. et Mme Irénée Clément. Y participaient notamment huit de leurs enfants qui avaient embrassé la vie religieuse! Rappelons aussi la mémoire de deux frères de Saint-Laurent, Adolphe et Godefroy Clément, pères de Sainte-Croix, le premier ayant été recteur de l'Oratoire Saint-Joseph. Le frère André, qui avait bien connu leur père, aimait citer la bénéfique intervention dont celui-ci avait bénéficié lorsque après une neuvaine à saint Joseph, il avait été *guéri* d'une fièvre incurable qui l'avait privé de l'usage de ses jambes.

Jean Côté,
seul ancêtre de plusieurs lignées

Les familles Côté sont si nombreuses en Amérique du Nord qu'on les croirait issues de plusieurs fondateurs de lignées arrivés tôt en Nouvelle-France. Or, au XVIIe siècle, un seul pionnier portant ce patronyme s'y est établi, et encore n'eut-il pas une famille remarquablement nombreuse : huit enfants. Mais, ses cinq fils ont été fort prolifiques.

Hélas ! on ignore d'où venait cet ancêtre, qui était prénommé Jean. Parce qu'il fut l'un des premiers habitants de la seigneurie de Beauport et qu'il était dans la colonie dès 1635, on pense qu'il venait du Perche. En 1634, en effet, Robert Giffard avait obtenu la seigneurie de Beauport et s'était employé à la mettre en valeur en recrutant défricheurs et artisans dans l'ancien comté du Perche.

On n'est guère mieux renseigné sur la jeune femme qu'il épousa à Québec le 17 novembre 1635, à peine plus d'un mois avant le décès de Samuel de Champlain. On ne connaît pas non plus son origine. Elle s'appelait Anne Martin, et certains ont pensé qu'elle était peut-être la fille d'Abraham Martin, qui a donné son prénom aux Plaines d'Abraham, mais Anne, la fille d'Abraham, ne vit le jour qu'en 1645. Par ailleurs, l'historien Marcel Trudel, dans son *Catalogue des immigrants*, la dit fille de Galleran

Martin, un veuf décédé à Beauport en 1662. Lui et Anne seraient arrivés à Québec en 1635.

C'est le missionnaire jésuite Charles Lalemant qui bénit le mariage de Jean Côté et d'Anne Martin, en présence du seigneur Robert Giffard et de Guillaume Couillard, gendre de Louis Hébert. Quelques mois plus tard, le 27 août 1636, le gouverneur Huault de Montmagny cède à Jean Côté un emplacement d'un arpent de front sur la Grande-Allée, mais est-ce suffisant pour élever une famille? Déjà, un fils est né, Louis, baptisé le 25 octobre 1635, un peu plus d'une vingtaine de jours avant le mariage des parents. Les parrain et marraine ont été le seigneur Giffard et Louise Couillard, fille de Guillaume.

À ce moment-là, le pionnier Noël Langlois est propriétaire de 300 arpents de terre que Giffard lui a concédés dans sa seigneurie de Beauport en 1637. La menace iroquoise est une épée de Damoclès toujours présente sur la côte de Beaupré. Est-ce pour mieux se prémunir contre le danger qu'il offre de céder à Côté une portion de son domaine?

Les deux voisins s'entendent bien. Ainsi, en 1641, ils passent un marché avec la Compagnie de la Nouvelle-France pour la fourniture de 500 bottes de foin, au prix de 80 livres tournois. Jean a construit sa maison et, en 1645, le seigneur Giffard le reconnaît propriétaire de la terre qu'il met en valeur.

Le couple Côté/Martin, avons-nous dit, eut huit enfants. L'aîné, Louis, épousa en 1662 Élisabeth Langlois, fille de Noël, et s'établit au Château-Richer. Il décéda prématurément après avoir été père d'une fille et de deux fils. L'un de ceux-ci, Louis, devait fonder un foyer en 1691 avec Geneviève Bernier, fille de Jacques et d'Antoinette Grenier.

À l'âge de 12 ans, Simone unit sa destinée, en 1649, à celle de Pierre Soumande, un maître taillandier à qui elle

Les descendants du pionnier Jean Côté se sont multipliés à Sainte-Famille, île d'Orléans. La façade de l'église paroissiale s'orne de niches qu'occupent des statues. Or, le sculpteur Jean-Baptiste Côté réalisa celles qui remplacèrent les premières lourdement endommagées lors d'un incendie survenu en 1889. De nos jours, les statues du sculpteur font partie des collections du Musée du Québec.

donna treize enfants, dont deux filles qui prirent le voile chez les religieuses de l'Hôtel-Dieu.

Né en 1639, Martin choisit pour compagne de vie, en 1667, Suzanne Pagé, fille de Raymond et de Madeleine Bergeron. Cinq de leurs neuf enfants naquirent à Sainte-Famille, île d'Orléans. Deux des fils se marièrent: Jean (1694) avec Marie-Anne Langlois, fille de Noël et d'Aimée Caron, et Pierre-Martin (1707) avec Marie Baillargeon, fille de Jean et de Marie-Jeanne Godbout.

Mathieu, né en 1642, fonda une famille (1667) avec Élisabeth Gravel, fille de Massé et de Marguerite Tavernier; cinq de leurs enfants virent le jour à Sainte-Famille et quatre autres à Saint-Pierre, île d'Orléans. Trois fils eurent à leur tour de la progéniture: Martin (1698) avec Marguerite Ferland, fille de François et de Jeanne-Françoise Milloir, Pierre (1707) avec Geneviève Ferland, soeur de Marguerite, et Mathieu (1710) avec Françoise Dupil, fille de Rémi et d'Anne Lagou.

Jean fut de loin le plus prolifique, grâce à deux mariages, le premier (1669) avec Anne Couture, fille de Guillaume, le célèbre découvreur et interprète, et d'Anne Émard, et le second (1686) avec Geneviève Verdon, fille de Vincent et de Geneviève Pelletier. Sept et onze enfants naquirent respectivement de ces unions, dont douze fils, et dix de ceux-ci fondèrent des foyers.

Voici donc la liste de leurs mariages: Jean-Baptiste (1695), Françoise-Charlotte Choret; Noël (1696), Marie-Madeleine Drouin; Pierre (1707), Marie-Charlotte Rondeau; Guillaume (1719), Clotilde Amelot; Joseph (1711), Thérèse Huot et (1730), Jeanne Roussin; Jean-Marie (1716), Madeleine Huot; Ignace (1733), Véronique Hébert; Gabriel (1739), Cécile Gosselin; Charles (1739), Geneviève Fiset et (1740), Françoise Estiambe; Thomas (1733), Geneviève Simard, puis Geneviève Gagnon. Notons que les trois filles nées du premier mariage se firent religieuses au monastère de l'Hôtel-Dieu de Québec, alors que les trois issues du second épousèrent des colons nommés Tinon, Boissel et Alliés.

Mentionnons enfin le dernier fils du couple Côté/ Martin, Noël. En 1673, il s'unissait à Hélène Graton, fille de Claude et de Marguerite Moncion. Leurs dix enfants virent le jour dans l'île d'Orléans, les premiers à Sainte-Famille et les autres à Saint-Pierre. Trois fils fondèrent des familles: Jacques (1706) avec Madeleine Rondeau, fille de Thomas et d'Andrée Remondière, Joseph (1714) avec Marie-Anne Lambert, fille de Pierre et de Marie Normand, et Augustin (1720) avec Madeleine Baillargeon, fille de Jean et de Marie-Jeanne Godbout.

La naissance de Marie, décédée peu de jours plus tard, puis de Louise, compléta la famille. Avec Jean Grignon, marchand et banquier, Louise mit au monde 16 enfants, dont 15 nés à La Rochelle. L'une de ses filles épousa nul autre que Jean Donat, conseiller du roi, directeur et trésorier de la Monnaie royale à La Rochelle.

La descendance de l'ancêtre Jean a essaimé généreusement tant sur la côte de Beaupré que dans l'île d'Orléans.

L'une des belles fermes de la côte de Beaupré, «La Coterie», propriété de M. Pierre-Célestin Côté, à L'Ange-Gardien.

De nos jours, l'une des belles fermes de la côte, «La Coterie», propriété de M. Pierre-Célestin Côté et située au numéro 6109 de l'avenue Royale, à L'Ange-Gardien, témoigne de l'existence industrieuse de l'une de nos belles familles.

Les Couillard, une famille à l'aube de la Nouvelle-France

Les Couillard appartiennent à l'une des plus anciennes familles de la Nouvelle-France. Elle a d'ailleurs contribué à perpétuer la descendance du pionnier Louis Hébert. Quand celui-ci décéda accidentellement, il laissait trois enfants, notamment Guillaume, dont la lignée de même patronyme s'éteignit en même temps que son petit-fils. Guillaume fut tué par les Iroquois en 1661. Les deux filles de Louis Hébert, cependant, Guillemette et Anne, se marièrent et eurent de la progéniture.

Dès 1621, Guillemette avait été conduite à l'autel par Guillaume Couillard, arrivé dans la colonie en 1613. Samuel de Champlain le jugeait «bon matelot, charpentier et calfeutreur».

Le couple Couillard/Hébert eut dix enfants, dont quatre fils. Hélas, deux de ceux-ci, Guillaume (sieur Des Chênes) et Nicolas (sieur de Belleroche) furent victimes des Iroquois, le premier en 1662, près de Tadoussac, et le second, l'année précédente, près de Québec. Les deux autres, Louis et Charles, fondèrent des foyers. Des six filles, l'une décéda apparemment célibataire. Les autres contractèrent des unions: Louise (1637) avec Olivier Letardif, commis général des Cent-Associés, Marguerite (la même année) avec le célèbre explorateur Jean Nicolet, Élisabeth (1645) avec Jean Guyon, futur arpenteur royal, Marie

71

(1648) avec François Bissot de la Rivière, futur procureur fiscal et juge prévôt, et Catherine-Gertrude (1664) avec Charles Aubert de La Chesnaye, qui occupa plusieurs postes prestigieux et fut le principal homme d'affaires de la colonie au XVIIᵉ siècle.

Revenons à Louis et à Charles Couillard. Louis, sieur de L'Espinay, épousa à Québec, en 1653, Geneviève Després, fille de Nicolas et de Madeleine Leblanc, et fut père de six enfants dont quatre fils. L'un décéda au berceau, mais les trois autres fondèrent des foyers: Jean-Baptiste (1680) avec Geneviève de Chavigny, veuve de Charles Amiot et fille de François et d'Éléonore de Grandmaison (sans postérité), Louis (1688) avec Marie Fortin, fille de François et de Marie Jolliet (11 enfants tous nés à Montmagny), puis (1712) avec Marguerite Bélanger, (1716) avec Marguerite Fortin et (1719) avec Louise Nolin (trois enfants issus des deux derniers mariages) et Jacques (1691) avec Élisabeth Lemieux, fille de Guillaume et d'Élisabeth Langlois (12 enfants, tous nés à Montmagny).

Le manoir Couillard-Dupuis à Montmagny. Il a été classé monument historique en 1961.

Charles Couillard, sieur des Islets et de Beaumont, devait élever deux familles. En 1668, à Québec, il épousait Marie Pasquier, fille de Pierre et de Marie de Porta, qui lui donna six enfants, dont cinq moururent soit à leur naissance, soit quelques jours après; un seul fils, Charles-Marie, vécut jusqu'à l'âge adulte; en 1726, il joignit sa destinée à celle de Marie-Françoise Couture dite Bellerive, fille d'Eustache et de Marie-Françoise Huard (9 enfants tous nés à Beaumont). En 1686, il contractait une seconde union, avec Louise Couture, fille de Guillaume et d'Anne Émard (12 enfants tous nés à Beaumont); trois des fils se marièrent à leur tour: Pierre (1727) avec Élisabeth Nadeau, fille de Jean-Baptiste et d'Anne Casse (11 enfants), Charles (1728) avec Madeleine Couillard, sa cousine (12 enfants nés à Beaumont), et Joseph (1729) avec Geneviève Turgeon, fille de Zacharie et d'Élisabeth Roy (12 enfants).

Les fils du couple Couillard/Hébert et leurs enfants ont joué un rôle important dans l'établissement et l'essor des bourgs situés sur la rive sud, en aval de Lévis. Leur père avait reçu des lettres de noblesse en 1654, mais elles avaient été révoquées; elles furent reconcédées à Louis et à Charles. Louis acheta de Jean de Lauzon et de Jean Moyen (1654 et 1655) la seigneurie de la Rivière-du-Sud, qui mesurait une lieue et demie de front sur le fleuve par quatre de profondeur. Il s'employa à la mettre en valeur et y fit construire son manoir. De nos jours, à l'embouchure de la rivière qui donna son nom à la seigneurie, s'étend la ville de Montmagny, qui possède d'intéressants monuments historiques, notamment le manoir Couillard-Dupuis. Mais pourquoi ces deux patronymes se sont-ils ainsi jumelés? Un aimable correspondant, M. Michel Dupuis, nous en a donné l'explication.

Nous avons mentionné le mariage, en 1653, de Louis Couillard de L'Espinay avec Geneviève Després, et celui d'un de leurs fils, Louis, en 1688, avec Marie Fortin. Or, le

Le moulin Couillard-Dupuis, à Montmagny.

benjamin de ce dernier couple, Paul, né à Montmagny en 1707, allait être adopté par Paul Dupuis, qui avait épousé sa tante, Jeanne Couillard, fille du couple Couillard/Després. Ce Paul Dupuis, originaire de Beaucaire, en Languedoc, occupa l'important poste de lieutenant général de la prévôté de Québec. Il fut père de quatre fils, mais deux moururent au berceau, et les deux autres avant 1717. C'est peut-être ce qui l'amena à prendre sous son aile le neveu de son épouse.

Paul Couillard prit le surnom de Dupuis et, le 10 novembre 1732, il épousait à Beaumont Marie-Josèphe Couture, fille d'Eustache et de Marie-Françoise Huard. Le généalogiste Tanguay attribue dix enfants au couple.

Les Couillard/Dupuis se sont multipliés le long de la Côte du Sud, mais, souligne M. Michel Dupuis, cité plus haut, le patronyme Couillard disparut de cette lignée au fil des générations, et ces Dupuis ont profondément marqué la région de Saint-Roch-des-Aulnaies, notamment le village des Aulnaies proprement dit et Sainte-Anne-de-la-

Pocatière. Jean-Baptiste Dupuis, beau-frère de Luc Letellier de Saint-Just, fut député de L'Islet de 1878 à 1881, et son petit-fils, Louis-A. Dupuis, député de Kamouraska de 1909 à 1912.

À Montmagny, le manoir Couillard-Dupuis a été classé monument historique en 1961. Le premier manoir a été détruit en 1759 lorsque les troupes anglaises ravagèrent la rive sud du fleuve, en route vers Lévis pour préparer le siège de Québec. On l'a reconstruit en 1764. C'est une résidence dont les caractéristiques sont fidèles à l'architecture traditionnelle du Québec, avec son toit à deux versants percé de lucarnes. L'édifice mesure dix mètres sur vingt, mais il a malheureusement perdu la grande galerie qui courait le long de sa façade nord lors de sa restauration en 1970. Montmagny possède aussi le vieux moulin Couillard-Dupuis.

En 1972, la Commission des monuments historiques du ministère des Affaires culturelles a fixé sur une pierre, en face d'une maison patrimoniale, une inscription qui rappelle la mémoire de Charles Couillard, petit-fils de Louis Hébert qui, en 1672, a reçu concession de la seigneurie de Beaumont. Celle-ci et la seigneurie voisine de Vincennes forment la paroisse de Beaumont.

L'ancêtre des Coulombe,
un Normand venu du Neubourg

Si l'on se base sur leur patronyme, les Coulombe doivent être des gens paisibles. Leur seul ancêtre arrivé en Nouvelle-France signait Coullombe, ce qui, selon les dictionnaires étymologiques des noms de famille, provient de *columbus*, signifiant *pigeon*. Ce serait donc au fil des générations que le patronyme s'est modifié, peut-être à cause d'une transcription euphonique. Mais *Colombe* peu aussi bien découler de sainte Colombe, une vierge martyrisée à Sens à la fin du IIIe siècle (fête le 31 décembre). Au Moyen Âge, le nom masculin *colombel* et son pendant féminin *colombelle* désignaient une petite colombe.

C'est en 1665, semble-t-il, que l'ancêtre des Coulombe, prénommé Louis, arriva en Nouvelle-France. On serait porté à croire, de prime abord, qu'il était soldat, car c'est cette année-là que le régiment de Carignan débarqua à Québec, mais rien n'indique qu'il ait connu le service militaire. Il avait sans doute décidé de s'assurer un revenu en signant un contrat d'engagement pour la lointaine colonie. Ainsi, lors du recensement de 1666, on le trouve chez le bourgeois Charles Roger en qualité de domestique. Coïncidence, Roger était dit sieur des... Colombiers! C'était l'un des notables de Québec car, en 1678, il figurait au nombre des «vingt principaux et plus anciens habitants du pays» convoqués par le gouverneur Frontenac et l'intendant Talon pour connaître leur avis sur le commerce de l'eau-de-vie avec les tribus autochtones.

En 1667, Louis a quitté son employeur. C'est que, avant la fin de l'année précédente, Mgr François de Laval lui a octroyé, dans l'île d'Orléans, une terre de trois arpents de front située dans l'arrière-fief de Gossardière. Ce bienfonds, il ne le gardera que quelques mois. Le 2 juillet 1667, il le vend à Gabriel Gosselin. C'est que Mgr de Laval lui a concédé l'année précédente une terre de trois arpents de front à Saint-Paul dans l'île d'Orléans, un bourg qui recevra plus tard l'actuelle appellation de Saint-Laurent.

On sait que l'intendant Talon favorisait la venue en Nouvelle-France de jeunes filles qui pourraient fonder des foyers avec de jeunes hommes arrivés célibataires pour s'y acquitter d'engagements. En 1668 arrivait Jeanne Boucault, originaire du faubourg Saint-Germain (Paris). Fille de Nicolas et de Marguerite Thibault, elle était orpheline de père et était âgée d'environ 17 ans. Hélas! on avait abusé d'elle. Le 26 octobre de la même année lui naissait un fils, né de père inconnu. Lorsqu'elle arriva à Québec, elle disposait d'un certain pécule estimé à 300 livres et d'une dot royale de 50 livres.

C'est sur elle que Louis Coulombe jeta les yeux pour fonder un foyer. Jeanne avait perdu son fils un peu plus d'un mois après sa naissance. Le mariage figure à la date du 30 septembre 1670 dans les registres de la paroisse de Sainte-Famille.

Fils de Jacques Coulombe et de Rolline Drieu, Louis était Normand. Il avait vu le jour vers 1632, si l'on se base sur l'âge déclaré lors de son décès. Il avait reçu le baptême au Neubourg. C'est aujourd'hui une commune d'environ 4 000 habitants et le centre le plus actif d'un plateau auquel elle a donné son nom. La N 13, qui va de Paris à Caen, passe par Évreux. Vingt kilomètres au-delà, elle croise la

L'église Saint-Paul du Neubourg, où l'ancêtre Louis Coulombe reçut sans doute le baptême, car elle date du XVIᵉ siècle. Elle est typiquement normande. C'est un vaste édifice aux hautes voûtes.

D 840 qui, prise sur la droite, conduit au Neubourg en cinq kilomètres. Sur la grande place s'élève un château dont il ne subsiste qu'un corps de logis à pans de bois et la salle des préaux (XIIᵉ s.). L'église, placée sous le vocable de saint Paul, est typiquement normande avec ses hautes voûtes. On peut visiter, à quatre kilomètres, le château du Champ-de-Bataille, l'une des plus majestueuses demeures de Normandie, construit à la fin du XVIIᵉ siècle.

Le couple Coulombe/Boucault semble avoir vécu pendant environ huit ans sur la terre familiale, et c'est à Sainte-Famille que furent baptisés les cinq premiers enfants.

L'aîné, Nicolas, épousa à Beaumont, en 1694, Anne Maillou, fille de Michel et de Jeanne Mercier; malheureusement, il décéda un an plus tard à l'Hôtel-Dieu de Québec, ne laissant aucune progéniture. Marie-Marthe devint, en 1694 également, la compagne de Pierre Labrecque, à qui elle donna dix enfants, tous nés à Saint-Laurent, île d'Orléans. Jean contracta deux unions : la première en 1706 avec Jeanne Balan, fille de Pierre et de Renée Biret, et la deuxième, dix ans plus tard, avec Marie Leblanc, fille d'Antoine et d'Élisabeth Roy et veuve de Jean Bissonnet ; sept enfants naquirent des deux unions, dont quatre fils, à Montmagny et à Beaumont. En 1694, Jeanne unissait sa destinée à celle de Charles Paquet dit Lavallée, à qui elle donna 13 enfants presque tous nés à Beaumont. Enfin, Louise, née en 1679, prit le voile à l'hôpital Général de Québec.

En 1681, les recenseurs notent la présence du couple Coulombe/Boucault sur une terre de Saint-Laurent, île d'Orléans, où il met six arpents en valeur et possède deux bêtes à cornes. C'est là que seront baptisés les sept autres enfants de la famille. En 1703, Marguerite sera conduite à l'autel par François Bouvet à qui elle donnera une dizaine d'enfants avant de devenir veuve. En 1710, Louis s'unira à Hélène Paulet, fille d'Antoine et d'Anne Loignon ; le couple aura 13 enfants dont six fils tous, sauf l'aîné, nés à

Le château du Neubourg date du XIIe siècle. Voici l'aspect qu'il présente, vu de la rue des Remparts.

Beaumont. Les deux enfants suivants, Charles et Catherine, ne vécurent que quelques jours. On ne sait si le suivant, Charles, fonda une famille. Angélique devint en 1713 l'épouse de Claude Bernard dit Léveillé, un soldat de la compagnie de Rouville (sans progéniture). Enfin, une seconde Catherine vint clore la famille; en 1716, elle choisit pour compagnon Pierre Prudhomme, à qui elle n'aurait donné qu'un fils et une fille.

Jeanne Boucault décéda en 1696: on la trouva gelée sur la grève du fleuve, en face de la rivière de Beauport. Son mari lui survécut 24 ans.

Chez les Coulombe, le prénom Louis se transmit pendant cinq générations consécutives. Il y eut tout d'abord l'ancêtre, puis son fils marié à Hélène Paulet, son petit-fils, époux de Marguerite Pouliot (1734), son arrière-petit-fils, qui épousa Marie Audet (1757); ce dernier couple eut un fils de même prénom.

Le petit-fils, Louis III, habitait Saint-Laurent en 1776. Il était milicien. Or, il fut «cassé» en même temps que d'autres pour s'être montré ouvertement favorable à l'objectif des «rebelles» qui préparaient l'indépendance des États-Unis et invitaient les Canadiens à se joindre à eux pour secouer le joug du serment du test.

François Coutu, un pionnier de la seigneurie de Lavaltrie

Lorsqu'on procéda au licenciement du régiment de Carignan, l'intendant Talon accorda des seigneuries à plusieurs officiers afin de stimuler le peuplement de la Nouvelle-France. Au nombre de ceux qui en bénéficièrent figurait Séraphin Margane de Lavaltrie, qui avait été lieutenant dans les compagnies du Poitou et de l'Allier. Le 29 octobre 1672, il se voyait octroyer un domaine d'une lieue et demie de front sur le Saint-Laurent, par semblable profondeur, borné côté ouest par des terres appartenant au Séminaire de Montréal. C'est sur celles-ci que se forma le bourg qui allait devenir l'actuelle municipalité de Saint-Sulpice et, sur la seigneurie voisine, celle de Lavaltrie.

Il ne faudrait pas croire que les seigneurs roulaient sur l'or. Ainsi, lorsque Margane de Lavaltrie décéda, il laissait une veuve si pauvre qu'elle se retira à Montréal, et la seigneurie demeura à l'abandon pendant quelques années.

Une telle situation ne pouvait que se refléter sur l'existence des censitaires. Ainsi, François Coutu, venu de sa Picardie natale, vécut quelques années dans la seigneurie, puis y retourna après un séjour à Montréal.

Fils d'Antoine Coutu et de Marguerite Patou, François était né vers 1649, si l'on se base sur l'âge mentionné lors de son décès. Il venait de Corbie, qui est de nos jours un chef-lieu de canton de l'arrondissement d'Amiens. Cette commune, qui compte plus de 6 000 habitants, n'est qu'à une douzaine de kilomètres à l'est d'Amiens, dont la célèbre cathédrale gothique possède l'une des plus hautes nefs de France. La D 1 y conduit.

Corbie vaut plus qu'un simple arrêt. Elle s'étale sur la rive droite de la Somme. Son abbatiale Saint-Pierre (XVIe – XVIIe s.) présente une façade qu'encadrent deux tours carrées hautes de 55 mètres entre lesquelles s'ouvrent trois portails en arc brisé. L'ancienne collégiale Saint-Étienne (XIe – XIIe s.) possède un remarquable Couronnement de la Vierge, qui orne le tympan de son portail. Le monastère qui y fut fondé au VIIe siècle fut l'un des plus importants du Moyen Âge. Les Amis du Vieux Corbie maintiennent un riche musée consacré notamment à l'archéologie et qui compte des poteries carolingiennes.

Nous ne savons pas à quel moment François Coutu est passé en Nouvelle-France, mais dès 1681, on le trouve dans la seigneurie de Lavaltrie, installé sur une concession dont il cultive quatre arpents. Les recenseurs le déclarent pâtissier. On ne s'étonnera pas de la présence du seigneur Margane de Lavaltrie à son mariage célébré à Québec le 4 novembre 1682 par M. Henri de Bernières, supérieur du Séminaire de cette ville. François joignait alors sa destinée à celle de Jeanne Verdon, fille de Vincent et de Geneviève Pelletier. Le notaire Pierre Duquet, par-devant qui le couple signa son contrat de mariage, a oublié de dater l'acte, mais celui-ci, dans son greffe, se trouve entre une concession et une vente datées respectivement des 29 octobre et 3 novembre. François y est dit «de la Valtrie», et son patronyme est épelé *Cottu*. En 1680, à l'occasion d'un baptême, à Repentigny, on l'identifie comme *François Cottu Lepicard*, un surnom trahissant son origine.

L'ancienne église Saint-Étienne de Corbie, telle qu'elle se trouvait à l'époque de François Coutu.

Le couple Coutu/Verdon eut deux enfants, nés à Lavaltrie. Tout d'abord, une fille, Louise qui, en 1704, devait épouser Jean-Baptiste Riel dit Lirlande. C'est le premier acte figurant aux registres de l'île Dupas (archipel du lac Saint-Pierre) et il porte la signature du célébrant, l'abbé Léonard Chaigneau, un sulpicien qui œuvra comme missionnaire à la Rivière-des-Prairies, à Sorel, à Repentigny et à Saint-Sulpice avant de devenir curé de L'Assomption. Jean-Baptiste Riel et Louise Coutu sont les ancêtres de Louis, le «Père du Manitoba», l'indomptable chef des métis qui monta à l'échafaud en 1885 à Regina. Nous ne savons ce qu'il advint du deuxième enfant, un fils, Charles-François.

Devenu veuf, François Coutu contracta une deuxième union, avec Louise Lesiège, fille de Pierre et de Marguerite Laplace. Entre-temps, il avait pris part à une expédition dans les Pays d'En-Haut. Seize enfants devaient naître de ce second mariage. Non seulement les maladies infantiles, mais le drame allait décimer la famille. Trois filles et trois fils décédèrent au berceau, un autre fils à l'âge de quatre ans et deux furent égorgés dans leur lit par des ours à l'âge de sept ans, comme en témoignent les deux premiers actes de sépulture figurant aux registres de Saint-Sulpice. Les enfants furent inhumés en présence de leur père et de Jean-Baptiste Riel par l'abbé Chaigneau.

Seulement sept des seize enfants atteignirent la maturité. Le 22 novembre 1717, à Lavaltrie (registres de Saint-Sulpice), l'aîné des fils, Daniel-Louis, né à Montréal en 1696, épousait Catherine Charpentier, fille de Denis et de Marie-Anne Despernay. Sept enfants naquirent de cette union, dont quatre fils. Le 7 janvier 1733, Étienne, baptisé à Saint-Sulpice en 1712, conduisait à l'autel Marguerite Coulon, fille de René et de Geneviève Vanier dite Lafontaine. Selon le généalogiste Tanguay, dix enfants sont issus de ce mariage, dont cinq fils.

Les six premiers enfants du couple Coutu/Lesiège ont vu le jour à Montréal. C'est peut-être à la suite de la perte de sa première femme que François Coutu abandonna sa concession de la seigneurie de Lavaltrie. Il devait s'y établir de nouveau vers 1701. Il décéda à Lavaltrie en 1726, à l'âge de 80 ans, et son acte de sépulture figure aux registres de Saint-Sulpice à la date du 13 mai.

Trois des cinq filles du couple fondèrent à leur tour des foyers. Le 4 février 1715, Geneviève épousait Denis Charpentier, frère de Catherine, qui devait s'unir, deux ans plus tard à Daniel-Louis Coutu (voir plus haut). La même année, soit le 5 novembre 1715, Catherine se laissait conduire à l'autel par Pierre Robillard; ce fut la plus prolifique

La façade de l'abbatiale Saint-Pierre de Corbie est imposante. Trois portails en arc brisé s'ouvrent entre deux tours carrées hautes de 55 mètres. Le monastère qui y fut fondé au VIIe siècle fut l'un des plus importants du Moyen Âge.

des filles (11 enfants). Enfin, le 29 avril 1726, Marie-Josèphe s'alliait à Antoine Beaugrand dit Champagne. Les trois mariages furent célébrés à Saint-Sulpice.

Si le premier seigneur de Lavaltrie ne connut pas la gloire, il fonda une famille de militaires. Son fils, Pierre, sieur des Forêts et de Lavaltrie, fit carrière dans les troupes de la Marine, y atteignit le grade de capitaine et fut fait chevalier de Saint-Louis. Son petit-fils, Pierre-Paul, participa à la bataille des plaines d'Abraham en qualité de lieutenant dans le régiment du Languedoc. Héritier de la seigneurie, il s'employa à sa mise en valeur et s'y construisit un manoir.

Deux « Montréalistes » ancêtres
de nos Daignault et Deneault

Lorsqu'en 1653, on procède à La Flèche et dans la région au recrutement de soldats, d'artisans et de défricheurs pour sauver le frêle établissement de Ville-Marie, deux Deniau signent des contrats : Jean et Marin. Celui-ci porte le surnom de Destaillis. Le premier est originaire de Nantes, et le second, de Luché, près de La Flèche. Ils comptent de nos jours de nombreux descendants, mais il n'est pas facile de les départager entre ces deux *Montréalistes*.

Selon le regretté généalogiste Roland-J. Auger, Jean Deniau est l'ancêtre de la presque totalité de nos familles Daignault. Pour sa part, M. Jean-Raymond Deneault, qui a enregistré sur microfilm une quantité imposante de documents, est d'avis que toutes les actuelles familles Deneault descendent de Marin Deniau dit Destaillis, de même que Mgr Pierre Denaut, le dixième évêque de Québec (dont le patronyme est épelé Denos dans l'acte de baptême). On le constate, il est difficile de démêler l'écheveau !

Jean Deniau, fils de Pierre et de Jeannette Gaudet, avait vu le jour vers 1630 dans la paroisse Sainte-Croix, à Nantes. On peut visiter l'église, qui est située dans la vieille ville. On la reconnaît facilement, car elle est dominée par

Le campanile de l'église Sainte-Croix, à Nantes, s'orne d'anges jouant de la trompette. Peut-être ont-ils annoncé la naissance de Jean Deniau!

Le château ducal de Nantes est une superbe forteresse datant de la fin du XVe siècle. Il est flanqué de plusieurs tours, et son entrée s'inscrit entre deux d'entre elles sous un décor de mâchicoulis.

un campanile d'où émergent des anges jouant de la trompette.

À Montréal, le 21 janvier 1664, Jean épouse Hélène Dodin, originaire de l'île de Ré et fille d'Isaac et d'Anne Jarnet. Le couple avait signé un contrat de mariage deux mois plus tôt par-devant le notaire Bénigne Basset. On ne connaît à peu près rien des premières années du séjour de Jean à Ville-Marie. Cependant, après son mariage, on trouve son nom dans divers actes notariés. En 1673, il est taxé à dix sols au rôle des habitants du bourg, et il n'est sans doute pas démuni, car, l'année suivante, il consent une rente en faveur du sulpicien Gabriel Souart, supérieur du séminaire.

En 1678, Jean Deniau décide de s'établir à Boucherville et il vend sa terre de Ville-Marie. Le couple vivra dix-sept ans sur sa nouvelle terre du fief du Tremblay. Les Iroquois menacent toujours les colons. En 1684, Nicolas Dubreuil dit Laplume, qui part en guerre contre eux, lègue tous ses biens à Jean Deniau dans le cas où il ne rentrerait pas de l'expédition. Revenu sain et sauf, il se porte encore au-devant des Iroquois en 1690 et fait de Jean et d'Hélène ses légataires en cas de décès.

Dubreuil rentra une deuxième fois, et il décéda tranquillement à Boucherville en 1715. Ironie du sort, c'est le couple Deniau/Dodin qui allait périr sous les coups des Iroquois le 12 août 1695. On inhuma les deux époux le lendemain.

Jean Deniau fut père de six enfants nés à Montréal, dont cinq fils. Au moins trois se sont mariés. En 1692, René conduisait à l'autel Madeleine Matou, veuve de Jean Haudecœur, qui avait perdu son mari dans de bien pénibles circonstances: il avait été exécuté sur la roue, à Québec, pour le meurtre d'un marchand de Montréal, François Poignet. Un membre de la Société historique du Marigot,

M. Sylvain Daignault, raconte le triste sort de Haudecœur dans le cahier #30 de cette société.

Le couple Deniau/Matou eut deux fils et une fille. L'un des fils décéda au berceau. L'autre, Jean-Baptiste, épousa en 1724 Marie Primeau, fille de François et de Marie Deniau. Madeleine Matou eut un autre enfant demeuré anonyme et ondoyé dans le sein de sa mère, rapporte le généalogiste René Jetté. Il fut inhumé le même jour (15 juillet 1699) à Lachine. Les registres ne mentionnent pas le nom du père. Enfin, René, vers 1705, contracta une seconde union, dans les «Pays d'En-Haut» avec une autochtone de souche illinoise, prénommée Anastasie. Elle décéda au Détroit en 1715, et René au même endroit, quinze ans plus tard.

Deux autres fils du couple Deniau/Dodin se marièrent. En 1697, Jean-Baptiste épousait Thérèse Ménard, fille de Jacques et de Catherine Forestier. Sept enfants naquirent de cette union, dont six fils, tous à Boucherville. En 1698, Pierre choisissait pour compagne Marie-Anne César, fille de François et d'Anne Delestre, et fut père de 12 enfants, dont quatre fils, tous nés à Longueuil.

Évoquons maintenant la mémoire de Marin Deniau dit Destaillis. Tout comme son homonyme, c'est à Ville-Marie qu'il se fixa. Originaire de Luché, il était déjà veuf au moment de s'embarquer. Luché est à une douzaine de kilomètres à l'est de La Flèche. Depuis cette commune, la N 23 conduit à Clermont-Créans (6 km), d'où l'on atteint Luché par la D 13 (7 km).

Dès son arrivée, en 1659, Marin unit sa destinée à celle de Louise-Thérèse-Marie Lebreuil, une orpheline venue de la région de Saint-Malo. Le mariage fut célébré le 24 novembre, après signature d'un contrat par-devant le notaire Basset. Le 25 août 1662, le sieur de Maisonneuve concéda au couple une terre de 30 arpents qui avait appartenu à Barbe de Boulogne, épouse de l'ancien gouverneur d'Ailleboust.

On devine que l'épouse rendit de précieux services, car elle était sage-femme. Le couple éleva trois fils sur sa concession, ayant eu la douleur d'en perdre un autre décédé au berceau.

En 1670, Marin vend sa terre. Sans doute a-t-il déjà eu la promesse de la part des jésuites de lui concéder un espace beaucoup plus grand (60 arpents) dans leur seigneurie de la Prairie-de-la-Magdeleine, ce qui se concrétise deux ans plus tard par contrat sous seing privé.

Deux autres enfants naîtront à La Prairie, des filles. Quant aux trois fils, ils fondèrent des foyers. En 1685, Charles conduit à l'autel Madeleine Clément, fille de Jean et de Madeleine Surget. Il fut père de dix enfants nés entre 1686 et 1708. Il n'eut pas la consolation de connaître la benjamine de sa famille, car il décéda un mois avant sa naissance. Quatre des fils se marièrent à leur tour.

La date du 18 avril 1690 fut sans doute marquée d'une pierre blanche: les deux autres fils fondèrent des foyers le même jour: Jacques s'allia à Marie Rivet, fille de Maurice et de Marie Cusson, et Joseph, à Jeanne Adhémar, fille d'Antoine et de Geneviève Sageot. En 1705, Jacques épousait en secondes noces Françoise Dania, fille de Jean et de Marguerite Vaillant. Trente et un enfants naquirent de ces trois unions, dont une quinzaine de fils!

La famille de Pedro Da Silva, notre premier facteur

Au cours du Régime français, une demi-douzaine de Portugais se sont fixés en Nouvelle-France et s'y sont mariés. Nul ne retient davantage l'attention que Pedro Da Silva, qui était d'ailleurs dit Le Portugais, et ce, à cause du rôle qu'il a joué dans le domaine des communications et que rappelle une inscription rue Saint-Jacques, à Montréal, près de la rue de la Cathédrale; elle est apposée sur l'édifice des Postes.

«Dès 1693, y lit-on, le transport des lettres se faisait par messagers entre Québec et Montréal. Le premier courrier connu est Pierre DaSilva, dit Le Portugais.» Notre premier facteur devait avoir de solides biceps, car il n'existait pas encore de route terrestre entre Québec et Montréal, la première ne devant être inaugurée qu'en 1734: c'est donc par eau qu'il livrait les lettres.

La commission que lui délivra l'intendant Raudot témoigne de la confiance dont il jouissait. «Étant nécessaire pour le service du roi et le bien public d'établir en cette colonie un messager pour porter les ordres en tous lieux de ce pays où besoin sera, spécifiait le document, et étant informé de la diligence et fidélité de Pierre Dasilva dit le Portugais, Nous, sous le bon plaisir de Sa Majesté, avons commis et établi ledit Portugais messager ordinaire pour

93

COMMISSION des SITES et des MONUMENTS·HIS-TORIQVES du CANADA

SERVICE DES POSTES

DÈS 1693 LE TRANSPORT DES LETTRES SE FAISAIT PAR MESSAGERS ENTRE QUÉBEC ET MONTRÉAL. LE PREMIER COURRIER CONNU EST PIERRE DASILVA, DIT LE PORTUGAIS.
EN 1763 BENJAMIN FRANKLIN, ALORS SOUS-DIRECTEUR DES POSTES POUR L'AMÉRIQUE DU NORD, ORGANISA AU PAYS LE PREMIER SERVICE POSTAL RÉGULIER.

Cette inscription apposée sur l'édifice des Postes, rue Saint-Jacques, à Montréal, rappelle que Pedro Da Silva fut notre premier facteur.

porter les lettres de M. le gouverneur général et les nôtres pour le service du Roi dans toute l'étendue de cette colonie, lui permettant de se charger de celles des particuliers pour les rendre à leur adresse et en rapporter les réponses.»

Fils de Joseph Da Silva et de Marie François, Pedro était originaire de la paroisse Saint-Julien de Lisbonne. Arrivé vers 1673, il s'engageait, le 28 décembre de cette année-là, pour une période de six mois, à servir Bertrand Chesnay, sieur de la Garenne, qui, en 1664, avait acquis l'arrière-fief de Lothainville, sur la côte de Beaupré. Conformément au contrat, dont le contenu a été porté à notre attention par un descendant, le journaliste Martial Dassylva, l'employeur devait nourrir et loger Pedro et le traiter humainement.

Le 16 mai 1677, Pedro passa un contrat de mariage avec Jeanne Greslon dite Laviolette, fille de Jacques et de Jeanne Vignault. Tout d'abord établi à Beauport où naissent ses deux premiers enfants, le couple se fixe à Québec où une douzaine d'autres verront le jour. La famille débuta par cinq filles. Marie-Louise épousa Jean Guilbault en 1696. La deuxième, Marie-Madeleine, songea à donner sa main au fils d'un tapissier de Paris, mais l'entente fut annulée et elle se laissa conduire à l'autel par Jacques Gervais, en 1680. Marie-Thérèse décéda de la petite vérole à 18 ans. La quatrième, Élisabeth, unit sa destinée à celle du voiturier Jean Morand et lui donna 16 enfants dont une demi-douzaine seulement atteignirent la maturité. Jeanne-Catherine, enfin, ne vécut que six semaines.

Pierre, le premier des fils, épousa en 1713 Marie-Jeanne Mingou, fille de Jean et d'Anne Bruneau dite Jolicœur. En 1716, le suivant, Jean-Baptiste, qui était voiturier, jeta son dévolu sur Marie-Angélique Mingou, la sœur de Marie-Jeanne. Il fut père de neuf fils et de huit filles.

Une sixième fille, Marie-Anne, née en 1694, devint la conjointe, en 1714, d'un Italien originaire de Gênes, Barthélemi Rosa, et fut mère d'une douzaine d'enfants.

Cinq autres fils virent ensuite le jour. François ne vécut que cinq ans, mais les autres élevèrent de nombreuses familles.

Signature de Pedro Da Silva au bas du contrat d'engagement passé par-devant le notaire Duquet le 28 décembre 1673.

L'église Saint-Julien, à Lisbonne. C'était la paroisse de Pedro Da Silva.

En 1722, Pierre, qui était dit Nicolas, fonda un foyer avec Élisabeth Laîné, fille de Bernard et d'Anne Dionne. Le couple eut neuf fils et trois filles. En secondes noces, Pierre épousa Marie-Gabrielle Laroche, veuve d'Antoine Vicque, en 1759, une union qui semble être demeurée sans postérité. Sa réputation d'entrepreneur maçon était certes reconnue, car c'est à lui et à un collègue que Guillaume Estèbe, membre du Conseil souverain, confia la construction de sa maison.

Une septième fille, Marie-Jeanne, décéda au berceau, victime de la petite vérole.

En 1725, Dominique, lui aussi maçon, épousait Élisabeth-Geneviève Millier (ou Millet), fille de Pierre et de Marie-Madeleine Pelletier. Les sources généalogiques signalent qu'il contracta une seconde union avec une certaine Élisabeth-Geneviève Cliche. En fait, nous dit M. Martial Dassylva, déjà cité, c'est la première épouse que l'on mentionne sous ce nom, fort probablement, car sa mère, décédée à la naissance d'Élisabeth-Geneviève, avait eu Nicolas Cliche comme premier mari. M. Dassylva a repéré un second mariage de Dominique, en 1747, avec Élisabeth Jahan dite Laviolette. Une quinzaine d'enfants naquirent de ces deux unions.

Toujours selon M. Dassylva, deux fils prénommés Jean-Marie virent ensuite le jour. Le premier, qui était charretier, épousa à Québec, le 26 octobre 1727, Angélique-Rosalie Amyot dite Lincourt, fille d'Étienne et de Jeanne Derome. Le couple eut 10 enfants dont quatre survivaient au moment du décès de la mère, dont Geneviève qui, en 1774, mit au monde un enfant illégitime qui reçut au baptême le prénom de Jean-Baptiste et dont le père s'appelait Joseph Halden (ou Alden). Ce Jean-Baptiste Halden-Da Silva serait l'ancêtre de tous les Dassylva de la région Saguenay–Lac-Saint-Jean, du pays de Charlevoix et du Bas-Saint-Laurent.

Enfin, le deuxième Jean-Marie épousa à Saint-Joachim, le 21 mai 1731, Marguerite Poulin, fille de Jean et de Marie Gagné. Marguerite décéda en couches après la naissance d'un troisième enfant. Jean-Marie contracta une seconde union, le 25 avril 1739, à Québec, avec Marie-Anne Croteau, fille de Louis et de Louise Bordeleau. Le couple aurait eu au moins huit enfants.

Les fils de Pedro lui donnèrent donc de nombreux petits-fils. On comprend qu'il compte autant de descendants, et davantage peut-être qu'on serait porté à le croire au premier abord, car l'épellation du patronyme a connu peut-être une douzaine de variantes, les plus répandues étant Da Silva, Dasilva et Dassylva.

Pedro fut hospitalisé pendant douze jours à l'Hôtel-Dieu de Québec en 1717, et c'est alors que décéda notre premier facteur, le 2 août de cette année-là. Sa veuve lui survécut et, l'année suivante, elle épousait Jacques Morand, le père de son gendre.

Les David ont donné au Québec des sculpteurs réputés

Trois pionniers ont contribué à répandre le patronyme David en Nouvelle-France dès le XVIIᵉ siècle. Malheureusement, on ne connaît pas l'origine de deux d'entre eux, des frères, Claude et Guillaume; par contre, on sait que le troisième, Jacques, qui était dit Pontife, nous est venu des environs de Dieppe.

Les deux frères, dont on ne connaît pas non plus les parents, ont été des pionniers des Trois-Rivières. Claude fut le premier à s'y marier, vers 1649, avec Suzanne Denoyon, fille de Jean et de Jeanne Francfort. Il était arrivé au moins depuis 1647, car, le 2 juin de cette année-là, le gouverneur Huault de Montmagny, successeur de Champlain, lui permettait d'entreprendre le défrichement de l'île aux Cochons située à l'embouchure de la rivière Saint-Maurice, que l'on désigna plus tard comme l'île du Milieu; c'est aujourd'hui l'île Maillet.

Claude ne manquait pas de mérite: il entreprenait la mise en valeur de l'île alors que le petit poste des Trois-Rivières n'existait que depuis treize ans et subissait la constante menace des Iroquois. C'était un avant-poste particulièrement exposé. Il ne manquait pas non plus de courage: en 1660, il partait en voyage de traite vers les Grands-Lacs sous la conduite du célèbre coureur de bois

Chouart des Groseilliers. Il n'en revint qu'après trois ans. Selon un missionnaire qui œuvrait dans la région, Claude «rhabillait» les armes. Au XVIIe siècle, ce verbe signifiait raccommoder, refaire. Au début de 1664, Claude David figurait au nombre de trois représentants délégués par la petite population des Trois-Rivières auprès du Conseil souverain pour le règlement d'un litige avec les jésuites, ce qui témoigne de la confiance qu'on entretenait à son égard.

Au recensement de 1666, le couple David/Denoyon élève cinq enfants. Il en avait perdu un. Trois des fils fondèrent des foyers. Michel épousa en 1671 Françoise Raclos, une fille du roi dont le père, prénommé Godebon, était un écuyer parisien; elle était arrivée la même année avec ses deux sœurs et leur père (quatre enfants dont deux fils). En 1684, Claude conduisait à l'autel Marie-Jeanne Couillard, fille de Pierre et de Jeanne Bilodeau (une fille). Barthélemi joignit sa destinée, en 1701, à celle de Catherine Deshayes, fille de Pierre et de Marguerite Guillet (trois filles).

En 1681, le couple David/Denoyon est installé dans la seigneurie de la Prade (Gentilly). Claude décéda au Cap-de-la-Madeleine en 1687. Sa veuve lui survécut plusieurs années.

C'est vers 1656 que Guillaume, le frère de Claude, fonda à son tour un foyer, également aux Trois-Rivières, avec Marie Armand, dont on ne connaît pas l'origine. Le couple eut six enfants dont un fils seulement, Jacques, qui épousa, en 1690, Catherine Lussier, fille de Jacques et de Catherine Clérice. Il était maître taillandier et forgeron. Onze enfants naquirent de cette union, dont cinq fils, et deux de ceux-ci fondèrent à leur tour des familles: Jacques en 1716 avec Marie-Madeleine Dagenais et Joseph, l'année suivante, avec Marie Moineau. Trois des filles s'allièrent à de jeunes hommes appelés Meunier, Dagenais et Mousseau.

Il survint sans doute des difficultés d'ordre familial. En 1674, on trouve Guillaume à Sorel, mais le généalogiste René Jetté souligne qu'il passa en Nouvelle-Hollande trois ans plus tard, soit un certain nombre de mois avant la naissance de la dernière fille de la famille, Angélique, baptisée

L'église de Bracquemont, à cinq kilomètres de Dieppe, paroisse natale de Jacques David dit Pontife.

Près de l'église de Bracquemont, voici tout ce qui reste de l'ancien château où sont nés Guillaume de Bracquemont, chevalier et chambellan du duc d'Orléans, et Robert de Bracquemont, qui fut amiral de France et d'Espagne.

à Sorel le 1er mai 1678. Or, un contrat passé le 26 octobre 1711 par-devant le notaire Michel Lepailleur, qui pratique à Montréal, ledit habitant La Rochelle.

La lignée de Guillaume donna deux sculpteurs réputés à la région montréalaise. Louis-Basile David, qui fonda un foyer au Sault-au-Récollet, en 1790, avec Marguerite Lavoie, fut un élève du réputé sculpteur Louis-Amable Quévillon. De 1810 à 1812, il travailla au décor intérieur de l'église de Saint-Jean, île d'Orléans. Il y exécuta la chaire, le banc d'œuvre, les pilastres et l'entablement de la nef ainsi que le petit tombeau d'autel qui se trouve à l'entrée du chœur. En 1812, la fabrique de la paroisse de la Sainte-Famille, également dans l'île d'Orléans, lui confia la réalisation d'une nouvelle voûte pour l'église.

David-Fleury David, fils de Louis-Basile, œuvra dans le même domaine que son père. Il travailla à l'ornementation de l'église du Sault-au-Récollet de 1816 à 1827. Cette paroisse possède de lui une Vierge à l'Enfant, une statue en bois doré et polychrome qui date de 1818, et on trouve une autre statue, de même inspiration, dans les collections du Musée du Québec. Elle provient de la collection Paul-Gouin et ornait jadis l'église de Sainte-Geneviève, dans l'île de Montréal. David-Fleury David décéda aux États-Unis en 1841. Il s'y était établi six ans plus tôt.

Évoquons enfin la mémoire d'un troisième ancêtre, Jacques David dit Pontife, fils de Blaise et de Flavie Morel. Il était de la paroisse Notre-Dame de Bracquemont, un bourg des environs de Dieppe. Aujourd'hui, cette petite commune est située sur la D 113, à seulement cinq kilomètres du centre de Dieppe.

Au Château-Richer, en 1662, Jacques conduisit à l'autel Marie Grandry, fille de Claude et de Jeanne Toussaint, de la paroisse Saint-André-des-Arts à Paris. C'est au Château-Richer que naquirent les six enfants du couple. Lors du recensement de 1667, le couple met huit arpents en valeur et possède deux têtes de bétail. Deux enfants ont vu le jour, Marie et Jean. En 1681, Marie épousera Noël Faveron, originaire de Dol, en Bretagne, et lui donnera cinq enfants. Faveron était menuisier, mais sans doute maîtrisait-il bien son art, car dans les années 1680, il est sculpteur. Jean conduisit à l'autel, en 1692, Marie-Anne Prévost, fille de Louis et de Françoise Gagnon, qui fut mère de six enfants; de ceux-ci, seules trois filles se marièrent à leur tour.

Quand les recenseurs passèrent, en 1667, Marie Grandry était enceinte d'une fille, Marguerite, née en novembre. Elle épousa Joseph Lesot en 1689 et fut mère de huit enfants. Puis naquit Jeanne, qui devint en 1688 la compagne de vie de Germain Gagnon, à qui elle donna deux fils et trois filles. Un fils, Jacques, né en 1670, fut hospitalisé à l'Hôtel-Dieu de Québec, à l'âge de 19 ans, mais on perd ensuite sa trace. La sixième enfant fut une fille, Anne, qui devint en 1694 l'épouse de Vincent Gagnon, et donna naissance à seize enfants.

Les Desautels, prolifique famille
pionnière de Ville-Marie

«Cent hommes ont sauvé l'île de Montréal et tout le Canada aussi!» Voilà ce que le marquis de Denonville, gouverneur de la Nouvelle-France, et l'intendant Bochart de Champigny écrivaient à Louis XIV. C'est que Ville-Marie vacillait sous la menace iroquoise et le sieur de Maisonneuve était retourné en France, où l'inlassable Jérôme Le Royer de La Dauversière s'employait à recruter artisans et défricheurs pour sauver sa fondation.

Au nombre des «cent hommes» qui signèrent des engagements figurait un fils de tailleur d'habits, Pierre Desautels dit Lapointe, originaire de Malicorne, qui allait devenir non seulement l'ancêtre des familles Desautels, mais aussi d'un bon nombre de familles Lapointe.

Comme une forte proportion des autres recrues, ce pionnier était originaire de la région de La Flèche, plus exactement de Malicorne, sur les bords de la Sarthe. Depuis La Flèche, la D 12 conduit en 12 km, direction nord, jusqu'au carrefour des Quatre-Routes, où se présente la D 8. Prise sur la gauche, celle-ci franchit Malicorne-sur-Sarthe à 4 km, vers le nord-ouest. C'est de nos jours une commune de quelque 1700 habitants.

Fils de Thomas et de Marie Buisson, Pierre Desautels signa son engagement le 4 mai 1653 par-devant le notaire

Le clocher de l'église de Malicorne-sur-Sarthe domine la commune. C'était celle de la paroisse de l'ancêtre Pierre Desautels dit Lapointe, l'un des cent hommes qui ont sauvé Ville-Marie.

Lafousse et en présence de Jérôme Le Royer. Le 20 juin suivant, il reconnaissait avoir reçu de la *Compagnie de Montréal* une avance de 101 livres sur ses gages. C'est à la mi-novembre 1653 qu'il atteignit Ville-Marie.

Fort heureusement, il ne fut pas, comme certains de ses compagnons, victime des Iroquois: il décéda à Montréal en 1708, à l'âge de 79 ans. C'est seulement en 1666 qu'il fonda une famille. Il avait décidé de se fixer définitivement car, l'année précédente, le 3 mai, le sieur de Maisonneuve lui avait concédé une terre de 30 arpents.

Le 11 janvier 1666, donc, Pierre Desautels conduisait à... l'autel Marie Rémy, fille de Nicolas et de Marie Vener. On ne sait rien de l'origine de la mariée. Cette union ne dura que neuf ans: Marie décéda en novembre 1675 après avoir été mère de quatre enfants. L'un de ceux-ci, Joseph, devait fonder un foyer.

Après une année de veuvage, Pierre contracta une seconde union, avec Catherine Lorion, fille de Mathurin et de Françoise Morinet, et déjà veuve de trois maris. Le premier de ceux-ci, Pierre Vilain, avait été «tué par un arbre» un peu plus de trois mois après son mariage; le deuxième, Jean Simon, s'était noyé moins de deux ans après le sien, laissant un fils né deux mois plus tôt; quant au troisième, Nicolas Millet dit Le Beauceron, il avait été «brûlé par accident dans les ruines de sa maison» en 1674, et Catherine lui avait donné huit enfants. Millet était arrivé en 1653 avec Desautels.

On peut croire qu'après avoir vécu autant de malheurs, Catherine Lorion s'estima heureuse de joindre sa destinée à celle d'un colon qui avait survécu à la menace iroquoise. Elle lui donna deux fils, Pierre et Gilbert, qui fondèrent à leur tour des foyers.

Les trois fils de l'ancêtre Pierre Desautels eurent une généreuse descendance. Né du premier lit en 1668, Joseph épousa en 1693, à la Pointe-aux-Trembles, Marie-Charlotte

Chaudillon, fille d'Antoine et de Marie Boucher, qui lui donna cinq enfants, dont un fils, Michel, qui, en 1726, épousa à Lanoraie Louise-Catherine Bergeron, fille de Jacques et de Marie-Agnès Grenon, et se fixa dans la seigneurie de Saint-Ours; de cette union naquirent cinq enfants dont deux fils: Michel qui, en 1754, conduisit à l'autel, à Saint-Ours, Marie-Charlotte Rondeau (deux fils et deux filles), et Joseph qui, deux ans plus tard, à Sorel, unit sa destinée à celle de Marguerite Allaire (un fils et une fille).

Les demi-frères de Joseph, nés de la seconde union, furent beaucoup plus prolifiques.

En 1699, Pierre, né en 1677, épousa à Montréal Angélique Thuillier, fille de Jacques et de Jeanne Bernard. Quatorze enfants naquirent de cette union, dont dix fils, et au moins quatre de ceux-ci fondèrent des familles: Louis, en 1734, avec Agathe Boudreau (un fils et une fille), puis, cinq ans plus tard, avec Marie-Anne Larchevêque: 16 enfants dont neuf fils; or, au moins cinq de ceux-ci reçurent au baptême le prénom de Jean-Baptiste, ce qui illustre bien le taux de mortalité infantile à cette époque: les cinq ne vécurent que deux jours, 12 jours, 15 jours, un mois et sept mois. Arrêtons-nous un instant pour mesurer à quel point ces décès répétés endeuillaient une famille!

Trois autres fils du couple Desautels/Thuillier se marièrent: Jean-Baptiste avec Marie-Françoise Lefebvre en 1738 (14 enfants dont sept fils); Nicolas avec Marie-Catherine Dufresne en 1741 (15 enfants dont quatre fils) et François avec Marie-Marguerite Vinet en 1747 (sans progéniture) puis avec Marie-Anne Bazinet en 1753 (13 enfants dont huit fils).

L'autre demi-frère de Joseph, Gilbert, né en 1679, unit sa destinée en 1708, à la Pointe-aux-Trembles, à celle de Marie-Charlotte Étienne, fille de Philippe et de Marie Gravois, qui lui donna 17 enfants dont 12 fils, et au moins

Même si son cours est tranquille, la Sarthe fait tourner plusieurs moulins. Celui-ci est situé à Malicorne, le pays d'origine des Desautels.

sept de ceux-ci fondèrent à leur tour des familles : Gilbert en 1740 avec Marie-Anne Mallet puis en 1762 avec Marguerite Poitras ; Jacques en 1744 avec Marie-Françoise Fournier ; Joseph-Marie en 1745 avec Marie-Josèphe Bouteiller ; Pierre en 1749 avec Marguerite Bouteiller, sœur de la précédente ; Joseph, la même année, avec Catherine Picard ; Étienne avec Catherine Prudhomme en 1748 ; enfin, Pierre, avec Geneviève Bray puis, en 1760, avec Marie-Josèphe Favre.

Sans tambour ni trompette, l'ancêtre Pierre Desautels dit Lapointe fut un modeste mais actif habitant de Ville-Marie. Lorsqu'en 1663 se forme une milice chargée de protéger la place, il s'enrôle comme soldat dans la septième escouade. Lors du recensement de 1667, il met déjà cinq arpents en valeur sur la terre que le sieur de Maisonneuve lui a concédée deux ans plus tôt. Cette terre, il la défriche avec ténacité. Lorsque passent les recenseurs en 1681, il ensemence 18 arpents et possède cinq bêtes à cornes. En

1691, M. Dollier de Casson, supérieur du Séminaire, lui accorde une concession en bordure du fleuve et de la côte Sainte-Marie, à mi-chemin entre l'île Sainte-Hélène et le fort de la Longue-Pointe. Il décéda en 1708.

L'ancêtre eut une abondante postérité. En 1952, un citoyen de Détroit qui portait son nom visitait Malicorne. Cette commune lui semblait bien minuscule à côté de sa ville, mais souligna-t-il, Détroit comptait plus de 200 familles Desautels!

Un seul ancêtre à l'origine de nos familles Dionne

S'il est un patronyme synonyme de fécondité, c'est bien celui de Dionne, et si l'un des pionniers de ce nom était dit Sansoucy, le brave Oliva dut lever les bras au ciel quand on lui annonça la naissance de quintuplées en 1934, à Corbeil, Ontario.

Certains dictionnaires généalogiques mentionnent deux Antoine Dionne: un domestique employé à Lachine lors du recensement de 1681, et un second qui, la même année, met une terre en valeur dans l'île d'Orléans. Or, M. Raymond Dionne, rédacteur en chef de *La Voix des Dionne*, bulletin de l'association des familles de ce nom, semble avoir démontré qu'il s'agissait d'un seul et même pionnier, même si, au premier abord, on se croirait devant un étonnant phénomène d'ubiquité! Car, en effet, pourquoi laisser derrière soi une épouse et cinq enfants dans sa chaumière de l'île d'Orléans pour prendre un emploi aussi loin? Peut-être l'appât du gain, car on soupçonne son patron, François Lenoir dit Rolland, de se livrer à la traite des fourrures et de l'eau-de-vie.

Le 1er juin 1681, par-devant le notaire Claude Maugue, à Montréal, «Antoine Dionne dit Sanssoucy, habitant de l'île d'Orléans, de présent demeurant audit Montréal» vend 160 arpents de terre à un certain Denis Guyon. Mais là ne s'arrête pas le *mystère* car, au même recensement, on retrouve notre grouillant ancêtre au service du chapelier Jean Quenet, à une vingtaine de terres au-delà de la concession de Lenoir dit Rolland! Comme quoi notre compère bougeait plus vite que les recenseurs! C'est que ceux-ci, explique M. Dionne, ont étalé leur travail sur plusieurs mois.

Antoine Dionne était marié lorsqu'il franchit l'Atlantique. Vers 1660, il avait épousé une certaine Catherine Ivory, mais on ne connaît rien de ses antécédents, pas plus d'ailleurs que dans le cas du mari.

C'est dans l'île d'Orléans, vers 1663, que le couple s'établit. Lors du recensement de 1667, Antoine cultive déjà huit arpents, et il ne manqua pas de persévérance car, en 1681, il met 25 arpents en valeur et possède trois bêtes à cornes.

En 1988, l'Association des Dionne d'Amérique a dévoilé une plaque commémorative à la mémoire du couple à Saint-Pierre, île d'Orléans, au 2242 du chemin Royal, sur l'ancienne terre n° 11 de la paroisse Sainte-Famille.

En 1667, il n'y a encore qu'une enfant sous le toit familial, Anne, née deux ans plus tôt. Le couple a perdu un fils, André, décédé en 1664 à l'âge de trois ans et inhumé au Château-Richer. En 1679, Anne épousera Bernard Laîné dit Laliberté et lui donnera une quinzaine d'enfants.

Le deuil continua de frapper à la porte des Dionne. Le couple devait perdre cinq autres enfants en bas âge. Au total, cinq filles et un fils fondèrent à leur tour des foyers. Nous avons déjà mentionné Anne. Marie se laissa conduire à l'autel en 1691 par le couvreur Charles Le Normand; elle décéda à Québec en 1702 après avoir donné naissance à cinq enfants. Une deuxième Marie devint, en 1694, la conjointe de Pierre Benoît dit Abel et fut mère de dix enfants. Anne en donna neuf à Barthélémi Gobeil, qu'elle avait épousé en 1697. Enfin, Catherine joignit sa destinée à celle de Joseph Michaud en 1702 et fut mère de quatre enfants.

Par leurs différentes unions, les cinq filles Dionne contribuèrent à peupler l'île d'Orléans, Québec, le Cap-Santé, Deschambault et le Kamouraska.

Un seul fils, Jean, assura la pérennité du patronyme. C'est au Château-Richer, le 2 août 1694, qu'il fonda son foyer, avec Marie-Charlotte Mignault, fille de Jean et de Louise Cloutier. Après quelques années dans l'île d'Orléans, le couple s'établit à Kamouraska où le lieu historique marquant le berceau de la localité comporte une plaque commémorative à la mémoire de ce pionnier.

Le couple perdit ses deux premiers enfants, mais les six autres fondèrent à leur tour des familles. Vers 1726, Jean-Baptiste épousa Marie-Madeleine Michaud, fille de Pierre et de Marie-Madeleine Cadieux. La même année, Augustin s'unit à Marie Paradis, fille de Guillaume et de Jeanne Hudon; devenu veuf l'année suivante, il se remaria avec Marie Moreau, fille de Jean et de Marie-Anne Rodrigue et veuve de Jean-Baptiste Guy.

En 1729, Joseph unit sa destinée à celle de Madeleine Meneux, fille de Joseph (désigné aussi sous le nom de Lemenu dit Châteauneuf, selon Tanguay) et, cinq ans plus tard, Antoine convolait en justes noces avec Marie-Anne Lizotte, fille de Joseph et de Françoise Dancosse. En 1768, il contracta une seconde union, avec Exupère Trottier de la Bissonnière, fille de Noël et de Marie-Thérèse Fafard.

Les quatre fils de Jean lui donnèrent plus d'une quarantaine de petits-enfants. La moitié d'entre eux furent des petits-fils et une quinzaine se marièrent à leur tour.

Le couple Dionne/Mignault n'eut que deux filles. En 1715, Marie devint l'épouse de François Michaud et, en 1726, Anne s'allia à Jean-François Moreau, puis à Pierre Morin, en 1763.

Il est intéressant de noter que la terre sur laquelle le couple Dionne/Mignault éleva sa famille, située dans l'ac-

La terre du couple Dionne/Ivory n'a rien perdu de sa fertilité. Située au 2242 du chemin Royal, à Saint-Pierre, île d'Orléans, elle présente toujours l'aspect d'une ferme florissante.

tuelle paroisse de Saint-Germain, dans le comté de Kamouraska, est toujours mise en valeur par un Dionne.

Nous ne saurions terminer cette chronique sans rappeler le souvenir de Germain Dionne, baptisé en 1731 à Sainte-Anne-de-la-Pocatière, fils du couple Dionne/Moreau mentionné plus haut et qui fut l'un des membres fondateurs de la réputée Société des Cincinnati. Lui et son gendre, Clément Gosselin, figurent d'ailleurs à l'honneur au nombre des Français qui s'illustrèrent «sous les treize étoiles», c'est-à-dire lors de la guerre de l'Indépendance américaine.

Au moment de l'invasion américaine, le Canada n'était assujetti à la Grande-Bretagne que depuis une douzaine d'années et nombre de gens demeuraient fidèles, en leur cœur, au roi de France. Lorsqu'en 1775, l'armée de Montgomery et d'Arnold envahit le Canada, plusieurs citoyens du Bas-Saint-Laurent se joignirent aux insurgés venus du sud.

Germain Dionne, son gendre, Clément Gosselin, et le frère aîné de ce dernier, Louis, parvinrent à rejoindre l'ar-

Depuis 1988, cette inscription, que l'on doit à l'initiative de l'Association des Dionne d'Amérique, rend hommage au couple fondateur de la lignée, sur la terre même qu'il a mise en valeur, à Saint-Pierre, île d'Orléans.

mée de Washington, à White Plains. Germain conquit ses galons de lieutenant puis de capitaine, en 1783, à Newburgh on the Hudson, et fut l'un des membres fondateurs de la prestigieuse Société des Cincinnati. Quatre ans plus tard, le gouvernement de l'état de New York lui accordait mille acres de terre, dans les environs de Champlain (N.Y.).

François Dumas, un pionnier
à la nombreuse descendance

Chez les Dumas, les trois plus prolifiques pionniers venus de France au XVIIe siècle se prénommaient François, René et Pierre et étaient originaires de l'Angoumois et de la Touraine.

Fils de François et d'Anne Rollin, le premier, qui avait été engagé comme maçon et portait le même prénom que son père, venait de Nanteuil-en-Vallée. C'est de nos jours une commune d'environ 1500 habitants, située dans l'arrondissement d'Angoulême, sur la D 740, à une dizaine de kilomètres à l'est de Ruffec.

À l'âge de 25 ans, en 1667, François Dumas épouse Marguerite Foy, fille de Pierre et de Catherine Blanchard, une Poitevine. Le couple se fixa à Sainte-Famille, île d'Orléans, et eut sept enfants dont quatre fils. Deux de ceux-ci se marièrent: François et Charles. Le premier fut père de vingt enfants, et le second, de douze.

François s'établit à Saint-Laurent, île d'Orléans, avec son épouse, Marie-Françoise Gervais, fille de Marin et de Françoise Monvoisin, qu'il venait de conduire à l'autel, en 1689. L'épouse décéda en 1716 après la naissance de douze enfants. François se remaria l'année suivante avec Jeanne Rouleau, fille de Gabriel et de Jeanne Dufresne et veuve de Nicolas Baillargeon. Déjà mère de trois enfants, elle devait en présenter huit à son second mari.

Cinq des fils du premier lit fondèrent à leur tour des familles: François (1717) avec Marguerite Rouleau, fille de Gabriel et de Jeanne Dufresne (8 enfants dont 4 fils); Georges (1723) avec Marguerite Gobeil, fille de Barthélemi et d'Anne Dionne (sans progéniture), puis (1725) avec Marie-Anne Godbout, fille de Nicolas et de Marguerite-Angélique Lemelin (8 enfants dont 5 fils); Pierre (1725) avec Suzanne Baillargeon, fille de Nicolas et de Jeanne Rouleau (7 enfants dont 3 fils); Augustin (1733) avec Geneviève Audet, fille de Nicolas et de Marie-Louise Chabot (3 enfants dont 2 fils); et Charles (1733) avec Ursule Gaudin, fille de Pierre et de Catherine Pellerin (10 enfants dont 5 fils).

Des cinq fils du deuxième lit, deux imitèrent leurs demi-frères: André épousa (1740) Geneviève Chabot, fille de Jean et d'Éléonore Énaud (6 enfants dont 5 fils), et Nicolas (1754), Marie-Anne Fortier, fille de Louis et d'Élisabeth Fontaine (2 enfants dont un fils).

Si l'on fait le total des enfants nés des mariages des sept petits-fils de l'ancêtre François, on constate que ceux-ci lui ont donné 25 arrière-petits-fils et 19 arrière-petites-filles.

Nous avons souligné que deux fils de l'ancêtre avaient fondé des familles. Nous n'avons jusqu'ici traité que de François. L'autre, Charles, contracta trois mariages: tout d'abord (1694) avec Françoise Rondeau, fille de Thomas et d'Andrée Remondière, puis (1702) avec Marie Guignard, fille de Pierre et de Jeanne Guillemet, enfin (1712) avec Marthe Garand, fille de Pierre et de Renée Chanfrain et veuve de Charles Branchaud dit Lacombe. Quatre enfants naquirent de chacune de ces unions: huit fils et quatre filles, et au moins cinq des fils se marièrent à leur tour: Charles (1725) avec Marie Chauvin, fille de Jean et de

L'une des premières tâches du régiment de Carignan, lors de son arrivée, en 1665, fut la reconstruction du fort de Chambly. René Dumas dit Rencontre y participa probablement. C'est là que devaient naître ses premiers enfants. Au cours du siècle suivant, le fort fut réédifié en pierre. (Dessin de C.W. Jefferys)

Marie Fauconnet (5 enfants dont 3 fils), Jean-Baptiste (1725) avec Marie-Anne Bergeron, fille de Jacques et de Marie-Agnès Grenon (8 enfants dont 4 fils), Joseph (1727) avec Marie-Josèphe Ondoyer (8 enfants dont 3 fils), Étienne (1731) avec Félicité Chenay, fille de Jean-Baptiste et d'Élisabeth Boucher (6 enfants dont 3 fils) et Michel (1738) avec Marie-Jeanne Petit, fille de Joseph et de Marie-Jeanne Brisset (3 enfants dont 2 fils).

Les cinq petits-fils de l'ancêtre François nés des mariages de Charles lui donnèrent quinze arrière-petits-fils et autant d'arrière-petites-filles. Si on leur ajoute les arrière-petits-enfants issus des unions de François, le frère de Charles, on en arrive à quarante arrière-petits-fils et à trente-quatre arrière-petites-filles, et il n'est pas certain que ces totaux ne soient pas plus élevés!

Au mois d'août 1665 arrivaient à Québec des compagnies du régiment de Carignan, dont celle de Grandfontaine. C'est donc en uniforme militaire que René Dumas dit Rencontre franchit l'Atlantique. Une fois démobilisé, il épousa à Québec Marie Lelong, fille de Mathurin et de Perrine Moret. Elle était originaire de la région de Rennes.

L'une des premières tâches confiées au régiment avait été la reconstruction du fort de Chambly, et le jeune soldat y avait probablement participé, car c'est à Chambly que naquirent les deux premiers enfants du couple. Sauf une exception, les autres virent le jour à La Prairie. Chose étonnante, lors du recensement de 1681, René Dumas cultive sept arpents à La Prairie et huit à Chambly!

Le couple Dumas/Lelong eut neuf enfants dont trois fils. Un seul, semble-t-il, prénommé Pierre, fonda un foyer, en 1715, à La Prairie, avec Marie Demers, fille d'Eustache et de Catherine Perras. Il en naquit dix enfants dont cinq fils, tous baptisés à La Prairie. Trois des fils épousèrent des filles de La Prairie ou de la région: Jean-François, Jean-Baptiste et Jacques conduisirent à l'autel Jeanne Leclerc, Charlotte-Élisabeth Guy et Marie-Anne Surprenant, respectivement.

Pierre Dumas dit Langoumois, soldat de la compagnie de Vaudreuil et fils de Pierre et d'Isabelle Auger, de la paroisse Saint-Martial, Angoulême, épousa en 1699, au Château-Richer, Marie Verreau, fille de Barthélemi et de Marthe Quitel. Marie décéda en 1703; mère de trois enfants, ils moururent à la naissance ou au berceau.

La deuxième union de Pierre Dumas fut plus heureuse. Selon le généalogiste Tanguay, Isabelle Poupardeau, fille de Pierre et de Madeleine Maréchal, donna naissance à une demi-douzaine d'enfants. Parmi eux, quatre fils fondèrent des foyers: Pierre en 1730 avec Jeanne Lalongé, Étienne en 1735 avec Marie-Josèphe Gendron, Jacques en 1740 avec Marie-Josèphe Périllard et Alexis en 1742 avec Marie-Barbe Potère.

Devenu veuf une nouvelle fois, Pierre Dumas s'unit en 1716 à Marie-Charlotte Glory, veuve de Jean Prieur dit Lafleur de même que de Jean Auger dit Baron et fille de Laurent et de Jacqueline Lagrange.

À Angoulême, l'église Saint-Martial est située au cœur de la ville, à l'intérieur d'un triangle que forment les rues Saint-Martial et de Montmoreau et la rampe d'Aguesseau, près de la place du Champ-de-Mars. C'était la paroisse du soldat Pierre Dumas dit Langoumois.

C'est sans doute François Dumas et Marguerite Foy qui comptent de nos jours le plus de descendants, grâce à la remarquable prolificité de leurs fils François et Charles.

Un maître cordonnier de Rouen, ancêtre de nos Dumouchel

L'ancêtre de nos Dumouchel était d'origine normande. Fils de Pierre et de Marie Lebret, il était de la paroisse Saint-Jean de Rouen. Malheureusement, l'église que fréquentait la famille n'existe plus. Elle se dressait rue Jeanne-d'Arc, là où se trouve de nos jours le monument à la mémoire des soldats morts pour la patrie, à l'une des extrémités du palais de justice, qui demeure, avec la cathédrale, un symbole de la grandeur rouennaise.

C'est vers 1652 que naquit Bernard Dumouchel dit Laroche. On ne sait rien de lui jusqu'à son mariage en 1673. Le 17 avril de cette année-là, il passait un contrat de mariage par-devant le notaire Guillaume de La Rue avec une fille du roi, Jeanne Juin, originaire de la paroisse Saint-Sauveur de Paris et arrivée l'année précédente. La Rue exerçait sa profession dans la seigneurie de Champlain en qualité de notaire royal, et si le couple s'adressa à lui, c'est que le colon avait décidé de s'établir aux «prairies Marsolet», un arrière-fief d'une demi-lieue de front par deux de profondeur situé dans la seigneurie du Cap-de-la-Madeleine et que Nicolas Marsolet avait reçu en 1644.

Bernard était maître cordonnier. C'est ce qu'il déclara lors du recensement effectué en 1681. Il n'y avait encore, cette année-là, que trois colons installés aux prairies

121

Marsolet: Jean Gaillou, François Bigot et lui. Bernard ne mettait que cinq arpents en valeur. Le couple avait alors trois filles: Jeanne, Marie-Madeleine et Marie-Françoise.

À l'âge de 13 ans, la première épousa Pierre Biron et lui donna neuf enfants; tout d'abord soldat, Pierre devint boulanger, puis marchand. Marie-Madeleine choisit aussi un militaire comme compagnon de vie, Claude Maurice dit LaFantaisie; c'était en 1699 et elle fut mère de treize enfants. Quant à Marie-Françoise, le généalogiste René Jetté nous dit qu'en 1703, ses services furent retenus comme servante pour le poste de Détroit par le fondateur de celui-ci, Antoine de Laumet de Lamothe-Cadillac; en 1706, à Montréal, elle unissait sa destinée à celle de Jacques Croquelois dit Laviolette, un sergent de la compagnie de Longueuil; elle eut neuf enfants, tout comme sa sœur Jeanne.

Après le recensement de 1681, le couple Dumouchel/Juin eut trois fils. Le benjamin, Jean, décéda à l'âge de 20 ans, apparemment célibataire. Les deux autres, cependant, fondèrent des foyers. L'aîné, Paul, maître cordonnier comme son père, se maria deux fois. Avec sa première épouse, Marie Dugas, fille de Vincent et de Catherine Tessier, il fut père de deux fils: Paul-Urbain décéda à l'âge de deux ans et Philippe-Joseph mourut à 23 ans sans avoir contracté d'union. Devenu veuf en 1709, Paul épousa l'année suivante Marie-Louise Tessier, fille de Jean et de Louise Caron, et fut père de cinq autres enfants dont trois fils. Le benjamin, Jacques-Vital, décéda au début de la vingtaine, mais les deux autres fondèrent des foyers.

En 1739, Louis-Joseph conduisait à l'autel Marie-Louise Leclerc, fille de Sauveur-Germain et de Marie-Geneviève Hervieux: treize enfants dont onze fils. Paul contracta deux unions, tout d'abord en 1749, au poste de Détroit, avec Jeanne Chapoton, fille du chirurgien-major Jean-Baptiste Chapoton et de Madeleine Estène, puis en 1752 avec Catherine Valade, fille de Charles et de Christine

De nos jours, à Rouen, c'est un monument à la mémoire des soldats morts pour la patrie qui se dresse là où se trouvait l'église Saint-Jean, paroisse des Dumouchel. Cette colonne, rue Jeanne-d'Arc, a pour décor l'une des extrémités du Palais de Justice.

Bertrand-Jérôme. Les dictionnaires généalogiques mentionnent une seule fille, issue de la première union.

Nous avons vu que Louis-Joseph fut très prolifique. L'un des fils embrassa la prêtrise et au moins quatre fondèrent des foyers: Paul-Louis en 1767 avec Catherine Picard, Louis-Jacques en 1772 avec Angélique Hardy puis en 1785 avec Marie-Madeleine Gauthier, Louis-Vital en 1773 avec Marie-Madeleine Goyau et Joseph-Marie en 1777 avec Marguerite Beau. L'une des deux filles épousa Michel Demers et l'autre prit le voile chez les Hospitalières.

Nous nous arrêterons au couple Dumouchel/Goyau, car au nombre de ses douze enfants devait figurer l'un des plus ardents Patriotes de l'insurrection de 1837-38. Comme d'autres de ses parents, Louis-Vital séjourna au poste de Détroit, et c'est dans le Haut-Canada qu'il se fixa, à Sandwich (aujourd'hui Windsor, Ont.), où il épousa Marie-Madeleine Goyau, fille de Jean-Baptiste et de Marie-Louise Delière. C'est de cette union que naquit Jean-Baptiste Dumouchel.

Celui-ci quitta Sandwich vers l'âge de douze ans pour poursuivre des études à Montréal. Après avoir servi comme commis chez un marchand de Sainte-Geneviève, il ouvrit son propre commerce dans le comté des Deux-Montagnes, à Saint-Benoît. En 1809, il épousait Marie-Victoire Félix, une sœur du curé de la paroisse, devenant ainsi le beau-frère d'un autre personnage influent, le notaire Jean-Joseph Girouard.

Dans son livre intitulé *Les Patriotes* et publié en 1884, Laurent-Olivier David rend hommage à Dumouchel. «Les faveurs du pouvoir ne l'empêchèrent pas de devenir l'un des plus ardents et des plus distingués patriotes du comté des Deux-Montagnes. Beau-frère de M. Girouard, ami des Papineau, des Viger, des Morin et des Labrie, il fut aussi l'un des plus dévoués partisans de ces grands citoyens dans leur lutte énergique en faveur de la liberté.»

Après le désastre de Saint-Eustache, on le lui fit payer. Il fut conduit à la prison de Montréal, où bientôt vinrent le rejoindre ses deux fils, Hercule et Camille. Son incarcération dura six mois. Quand il rentra à Saint-Benoît, il put

*Profils de Jean-Baptiste Dumouchel et de ses deux fils emprisonnés avec lui.
Dessin paru dans* L'Opinion Publique *du 8 mars 1877.*

mesurer l'étendue de ses pertes: la soldatesque avait livré le village aux flammes. Non seulement sa maison avait-elle été brûlée, mais aussi les chaumières et les granges qu'il possédait dans la région. Il se remit résolument au travail, mais les privations auxquelles il avait été soumis eurent raison de son énergie. Il décéda en 1844 à l'âge de soixante ans.

Trois frères Émond
ont épousé trois sœurs Mignault

Qui ne connaît pas la ville de Rochefort, en Charente-Maritime? On y trouve de fort intéressants monuments, mais n'en cherchez pas qui soient très anciens, et pour une bonne raison: la fondation de la commune est postérieure à celle de Québec et de Montréal.

Au XVIIᵉ siècle, la forêt s'y étendait encore presque jusque sur les bords de la Charente. Lorsque Colbert succède à Mazarin, en 1661, la France ne dispose pas d'un véritable arsenal maritime sur la côte du ponant. Louis XIV décide que l'on établira dans une boucle de la Charente le plus beau et le plus grand arsenal maritime du monde.

L'un des deux pionniers qui ont transplanté le patronyme Émond en Nouvelle-France, Pierre, vit donc naître cette ville: il y naquit vers 1664.

Mais donnons priorité à son homonyme, René Émond, qui fut le premier des deux à fonder un foyer en Nouvelle-France. Il était de la même région, plus exactement de l'île de Ré. Fils de Jean et de Jeanne Charrié, il avait vu le jour dans la paroisse Saint-Martin.

Le 20 octobre 1663, René épousait à Québec Marie Lafaye, fille de Pierre et de Marguerite Constantin, originaire de Saintes. Le couple vécut tout d'abord au Château-

Richer, où naquirent ses trois premiers enfants. En 1669, on le trouve dans l'île d'Orléans, à Sainte-Famille, et quatre autres enfants y verront le jour. Puis, il s'installe à Saint-François, où la famille se complétera de trois derniers rejetons.

René fut le père de cinq fils et d'autant de filles. François ne semble pas s'être marié et Joseph ne vécut que quelques mois. En 1694, Robert fonda un foyer avec Catherine Dompierre, fille de Charles et de Marie-Agnès Destouches, dont il eut 13 enfants; cinq des fils se marièrent à leur tour. René choisit pour épouse en 1697 Louise Senelé, fille de Jean et de Renée Jousselot (un fils et deux filles). Enfin, selon le généalogiste René Jetté, le benjamin, Joseph, s'est peut-être fait récollet.

Quatre des filles du couple Émond/Lafaye fondèrent des familles: Marie-Madeleine, domestique chez le cabaretier Pierre Nolan, à Québec, avec Nicolas Dupuis, Suzanne avec Jean Pruneau, Anne avec François Bretonnet et Jeanne avec Charles Bélanger.

Lors du recensement de 1681, six enfants vivent sous le toit familial, mais René ne met que quatre arpents en valeur. Charles Dompierre, futur beau-père de Robert, habite tout près; il cultive dix arpents et possède cinq bêtes à cornes.

René Émond décéda vers 1705 et sa veuve ne lui survécut que trois ans.

Revenons à Pierre Émond, originaire de Rochefort. Fils d'Isaac et de Marie Garineau, peut-être son père était-il employé à la construction des premiers éléments de l'arsenal maritime. En 1681, il habite la côte de Beaupré, où il est domestique de Pierre Maufils, de même que deux autres jeunes hommes; Maufils est à la tête d'une belle exploitation: 100 arpents en valeur et 66 bêtes à cornes!

Le 31 janvier 1690, à la Rivière-Ouelle, Pierre conduit à l'autel Marie-Agnès Grondin, fille de Jean et de Sainte

Mignault (un patronyme à retenir). C'est à la Rivière-Ouelle que naîtront les neuf enfants du couple, dont quatre fils qui, à leur tour, fonderont des foyers.

Sainte Mignault, fille de Jean et de Louise Cloutier, avait eu une aventure avec un certain Jean Fortin dit Mombré et il en était résulté la naissance d'une fille le 19 avril 1669. C'est trois mois et demi plus tard que Jean Grondin l'avait conduite à l'autel. Mais cet incident de parcours n'allait pas rendre le patronyme Mignault tabou chez les Émond. En effet, trois des quatre fils du couple Émond/Grondin devaient épouser trois sœurs Mignault, filles de Jean et de Marie Boucher.

C'est Pierre qui, le premier, envisagea une incursion chez les Mignault, qui habitaient d'ailleurs à la Rivière-Ouelle. Le 5 février 1714, il y épousait Marie-Madeleine, née en 1690; cinq fils et deux filles allaient naître de cette union. Cinq ans plus tard, le deuxième fils, Joseph, suivait l'exemple de son aîné et obtenait la main de Marie-

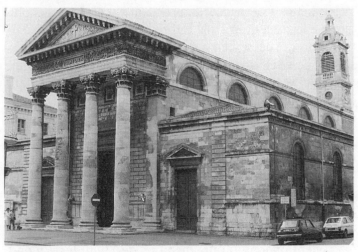

L'église Saint-Louis, à Rochefort, paroisse natale du pionnier Pierre Émond. On y trouve l'épitaphe de Michel Bégon dont un fils, portant le même prénom, fut intendant de la Nouvelle-France.

À *Rochefort, on marche littéralement en* territoire canadien: *la rue des Petites-Allées est pavée de pierres de délestage provenant de voiliers venus surtout du Canada.*

Thérèse, âgée de 24 ans; le mariage fut célébré le 30 avril 1719; hélas, Joseph décéda prématurément deux ans plus tard, ne laissant qu'un fils. Enfin, le 7 août 1720, Augustin tissait un troisième lien avec la famille Mignault en unissant sa destinée à celle de Marie-Ursule, qui était à la toute veille de fêter ses 21 printemps. Ce fut le plus prolifique des trois ménages: onze enfants dont deux fils qui fondèrent des familles.

Le quatrième fils, Jean-Baptiste, dut frapper à une autre porte, le moment venu de fonder une famille: le 1er août 1729, à Québec, il épousait Marie-Anne Nadeau, fille de Jean-Baptiste et de Marie-Anne Dumont, et veuve d'Augustin Guignard. Un seul fils, semble-t-il, naquit de cette union.

Mentionnons qu'un membre des familles Émond, prénommé Pierre, s'est signalé dans le domaine de l'architecture. Nous n'avons pu déterminer sa souche, car lors de son baptême, à Québec, on le dit «né de père et mère non mariés ensemble». Lorsqu'il épouse Françoise-Régis Navarre, en 1762, il se dit tout simplement menuisier. Peu après, le Séminaire de Québec lui confie des travaux de réparation, puis il œuvre en ébénisterie pour la paroisse de Saint-François, île d'Orléans. Celle de Saint-Joachim lui confie ensuite l'ornementation sculptée de son autel Saint-Jean-Baptiste. Puis, il réalisera le retable de la chapelle Sainte-Anne de Notre-Dame de Québec, de même que le banc d'œuvre de la même église. Il s'acquitte enfin de tabernacles et d'autels à Saint-Pierre et à Saint-Laurent, île d'Orléans. Il décéda en 1808. Le Musée du Québec conserve de lui un tabernacle en bois doré provenant probablement de l'église du Château-Richer. Au cours des années qui suivirent le bombardement de Québec (1759), on lui confia les travaux de réparation et d'agrandissement de la chapelle de l'hôpital Général.

Certains Émond du Québec, peu nombreux cependant, descendraient d'un couple d'origine irlandaise, Jean-Baptiste Edmunds et Mary Kelley, établi dans le Maine. Faits prisonniers par des Français et des Abénaquis en Nouvelle-Angleterre, les époux furent amenés à Québec. Peu à peu, le patronyme se francisa en Edmond et Émond, de même qu'en Hedmond.

Pierre Émond, celui des deux premiers ancêtres venus de France, a été baptisé en la paroisse Saint-Louis de Rochefort. Dans l'église Saint-Louis se trouve l'épitaphe de Michel Bégon, qui fut le père d'un intendant de la Nouvelle-France portant le même prénom. L'inscription comporte également le nom de la sœur de ce dernier, Catherine, qui fut la mère de l'amiral de La Galissonnière, gouverneur général de la colonie.

La prestigieuse famille
des seigneurs Fleury d'Eschambault

Le 4 décembre 1640, la Compagnie de la Nouvelle-France concédait à François de Chavigny de Berchereau une seigneurie située sur la rive gauche du Saint-Laurent, en amont de Québec. Ce personnage bénéficiait de la confiance du gouverneur de la colonie, car il lui confiait le soin de le remplacer quand il s'absentait. En 1651, le sieur de Chavigny décéda en mer, alors qu'il se rendait en France pour s'y faire soigner.

Le 1ᵉʳ mars 1652, le gouverneur de Lauzon transférait la propriété de la seigneurie à sa veuve, Éléonore de Grandmaison, qui, en 1683, la céda contre une terre de l'île d'Orléans au gendre du sieur de Chavigny, Jacques-Alexis Fleury, sieur d'Eschambault, qui donna son nom au vaste domaine. D'où l'origine du toponyme Deschambault que porte maintenant la localité issue de l'ancienne seigneurie.

Fils de Jacques Fleury et de Perrine Gabar, de Montaigu, le nouveau seigneur appartenait à une famille noble. Cette commune de Montaigu, qui compte de nos jours plus de 4 000 habitants, est située dans le département de Vendée, à 34 km au sud-est de Nantes, au point de rencontre de la N 137 et de la D 753.

Le sieur d'Eschambault était avocat au parlement de Paris lorsqu'il se fixa en Nouvelle-France, en 1671. La

Marie-Catherine Fleury d'Eschambault devint, en 1754, l'épouse de Charles-Jacques Le Moyne, troisième baron de Longueuil. Elle fut l'une des vedettes de la haute société montréalaise au cours des dernières années du Régime français.

même année, il épousait Marguerite de Chavigny, fille de François de Chavigny et d'Éléonore de Grandmaison, mentionnés plus haut. Elle était veuve de Thomas Douaire, sieur de Bondy, à qui elle avait donné six enfants dont quatre survivaient. Dès 1674, la belle-mère de Jacques-Alexis lui concédait une terre de dix arpents de front dans sa seigneurie de Chavigny, et il s'y fixa aussitôt. Dès 1681, il y mettait vingt arpents en valeur, possédant seize têtes de bétail. C'est deux ans plus tard qu'il devint propriétaire de la seigneurie à laquelle il donna son nom.

La mise en valeur de son domaine ne l'empêcha pas de participer, en 1684, à l'expédition que le gouverneur Le Febvre de La Barre dirigea contre les Tsonnontouans.

Le couple eut sept enfants. Jacques, l'aîné, se fit prêtre et devint missionnaire chez les Abénaquis en Acadie. Charles épousa à Québec, en 1702, Marie-Anne Grignon, fille de Jean et de Louise Côté, et devint armateur à La Rochelle où il contrôla une partie du commerce des peaux de castor de la Nouvelle-France. Joseph, qui devint sieur de La Gorgendière, épousa une fille de Louis Jolliet et assura la descendance canadienne de la famille ; nous y reviendrons. On ne sait ce qu'il advint de Louis. Pierre décéda à Québec à l'âge de 21 ans. Jeanne-Charlotte unit sa destinée à celle de François Le Verrier de Rousson, futur chevalier de Saint-Louis, qui allait être lieutenant du roi à Québec ; en secondes noces, elle épousa, en France, nul autre que Pierre de Cavagnal, marquis de Vaudreuil, alors gouverneur de la Louisiane, et qui allait devenir le dernier gouverneur général de la Nouvelle-France. Enfin, Simon-Thomas, sieur de La Jannière, connut une carrière militaire à la Martinique, où il se fixa.

En 1693, Jacques-Alexis Fleury d'Eschambault revenait à la pratique du droit, avec sa nomination au poste de bailli de la seigneurie de Montréal. En 1706, il devenait lieutenant général civil et criminel. Il décéda en 1715 après avoir contribué à l'administration de la justice pendant un quart de siècle à divers titres.

Son fils, Joseph, sieur de la Gorgendière, avons-nous dit, devait assurer la descendance canadienne de la famille. Il allait devenir le seigneur unique de Deschambault après avoir acquis les droits de ses cohéritiers. En 1702, il épousa Claire Jolliet, la fille du célèbre explorateur qui avait descendu le Mississippi et s'était ainsi acquis le mérite de la découverte du grand fleuve. Le couple eut 17 enfants dont huit fils. Seulement sept des enfants atteignirent l'âge adulte.

Au moins deux des fils fondèrent des foyers. L'aîné, Louis, conduisit à l'autel, en 1735, Marie-Anne Langlois, fille de Jacques et de Marie-Thérèse Lessard, veuve de Philippe Peiré, puis, en 1764, Athalie Boudreau, fille de Charles et de Josette Sainsennes.

Philippe de Rigaud, marquis de Vaudreuil, gouverneur de la Nouvelle-France de 1703 jusqu'à son décès, en 1725, s'était fait construire à Montréal, rue Saint-Paul, un manoir qu'il n'eut pas le temps d'habiter. En 1763, Joseph Fleury de La Gorgendière s'en porta acquéreur. On désignait l'édifice sous l'appellation de «château de Vaudreuil». Un incendie le rasa en 1803.

Le deuxième des fils, Joseph, épousa en 1738 Catherine Veron de Grandmesnil, dont le père, Étienne, était marchand et receveur de l'amiral de France. Le couple eut neuf enfants dont six parvinrent à l'âge adulte. Vers 1743, la sœur de Joseph, Charlotte, unissait sa destinée à celle de Pierre de Cavagnal, marquis de Vaudreuil, gouverneur de la Louisiane et futur gouverneur général de la Nouvelle-France. En 1754, Joseph donnait la main de sa fille, Marie-Catherine, âgée de 13 ans, à Charles-Jacques Le Moyne, troisième baron de Longueuil. En 1733, une autre de ses filles avait épousé Pierre-François de Rigaud de Vaudreuil, frère du futur gouverneur.

Joseph Fleury de la Gorgendière fut un actif brasseur d'affaires, notamment dans le domaine des fourrures, et lorsqu'il décéda, en 1784, il fut enseveli dans l'église Notre-Dame de Montréal, laissant une importante succession. Selon l'archiviste É.-Z. Massicotte, il fut probablement le plus important financier de son époque.

Évoquons pour terminer la mémoire d'un autre ancêtre Fleury. François Fleury dit Mitron, fils de Simon et de Marie Moutton, était originaire de la banlieue parisienne plus exactement de Rueil-Malmaison, arrondissement de Nanterre. Il était boulanger et on ne sait quand exactement il arriva dans la colonie, mais il était au Château-Richer en 1666. Trois ans plus tard, il signait un contrat de mariage avec une fille du roi, Aimée Roux, de Montargis, mais le document fut annulé; elle avait fait vivre semblable expérience à un autre colon, Vincent Verdon.

François jeta alors son dévolu sur une autre fille du roi, Jeanne Gilles, fille de Pierre et d'Anne Nicola, une Parisienne qui possédait des biens évalués à 300 livres, de même qu'une dot du roi. L'union fut bénie le 24 août 1670. Le couple vécut à Québec et à Sillery, puis on le retrouve sur la côte Saint-Ange dans la seigneurie de Maure. Le recensement de 1681 signale qu'il met dix arpents en valeur et possède deux vaches. Le principal bourg de cette seigneurie est devenu l'actuelle municipalité de Saint-Augustin-de-Desmaures (Portneuf).

François et Jeanne eurent dix enfants dont quatre fils. Deux de ceux-ci fondèrent des foyers: Denis-Joseph, en 1704, avec Catherine Cureau, fille d'Étienne et de Françoise Goyer, puis en 1706 avec Marie Longtin, fille de Jérôme et de Marie-Catherine Marie; et Jean, en 1706, avec Marie Chauvin, fille de Pierre et de Marie-Marthe Hautreux et veuve de Nicolas Baron dit Lupien, puis en 1728 avec Marie-Françoise Dulignon de Lamirande, fille de Pierre et de Marguerite de Gerlaise.

Les Fortier, pionniers
de l'île d'Orléans et de Lachine

Nos Fortier seraient sans doute des Forestiers si le patronyme ne s'était modifié au fil des générations. Il existe des Fortier, en France; le nom commun épelé de cette façon désignait l'employé ou le gardien d'un fort. Mais Forestier est plus répandu, car il évoque un autre genre d'occupation relatif à la forêt, le garde forestier, par exemple.

Le Dieppois Noël Forestier, ancêtre de beaucoup de nos Fortier, s'était marié en 1638 en l'église Saint-Rémi. Était-il déjà veuf quand il franchit l'Atlantique? En tout cas, seul un fils l'accompagnait, Antoine, qui allait élever une nombreuse famille dans l'île d'Orléans. Comme le font les dictionnaires généalogiques, nous aurons recours au patronyme Fortier dans le cas de ces deux pionniers.

Noël était matelot et lors du recensement de 1667, on le trouve comme domestique chez le marchand Charles Bazire, à Québec. La même année, Antoine passe un accord avec trois compagnons pour aller faire la chasse aux loups-marins «devers l'île Rouge», dans le Saint-Laurent. Il s'agit pour eux d'en extraire de l'huile dont la vente sera source de profit. Tout au long de sa vie, d'ailleurs, il s'adonnera au commerce et au cabotage.

Mais, s'il souhaite élever une famille, il lui faut se fixer. Aussi se porte-t-il acquéreur d'une terre de l'île d'Orléans, mais il ne la mettra pas en valeur lui-même, car il ne pourrait exercer son métier de matelot. Il retient les services du vendeur, Guillaume Ferté, pour l'ensemencer.

Il reprend ses voyages dans le Saint-Laurent et le Saguenay. Il remontera d'ailleurs celui-ci jusqu'à sa mort, comme l'attestent près d'une trentaine de baptêmes d'enfants montagnais dont il fut le parrain. C'est semble-t-il à l'occasion de ces pérégrinations qu'il gagna la confiance de Charles Cadieux de Courville, qui possédait un emplacement situé au point de rencontre de la rivière Montmorency et du Saint-Laurent. L'ancienne municipalité de Courville, qui fait maintenant partie du territoire de Beauport, rappelle la mémoire de ce personnage.

En 1677, Antoine épousait la fille de Charles, Marie-Madeleine Cadieux, qui devait lui donner douze enfants. Les signatures figurant au contrat de mariage témoignent de la bonne réputation du couple: on y trouve celles de l'intendant Duchesneau, de Joseph Giffard, seigneur de Beauport, et de Claude Bermen, sénéchal et juge-prévôt.

Des douze enfants du couple, seule la dernière-née n'atteignit pas l'âge adulte. L'aînée de la famille, Marie-Madeleine, fonda un foyer avec Germain Pépin et lui donna onze enfants. Entre les deux filles naquirent dix fils! Deux de ceux-ci décédèrent dans la vingtaine. Les huit autres se marièrent et furent pères d'un total de près de 70 enfants dont la moitié étaient des fils.

Donnons la liste des mariages: Antoine (1706) et Madeleine Noël, fille de François et de Nicole Legrand; Jean-Baptiste (1708) et Marie-Madeleine Ruel, fille de Clément et de Marguerite Leclerc; Michel (1708) et Angélique Manseau, fille de Jacques et de Marguerite Latouche; Charles (1709) et Françoise Blouin, fille d'Émery et de Marie Carreau; Pierre-Noël (1710) et Anne

L'église Saint-Laurent, à Bayeux, telle qu'elle se présente de nos jours. C'était la paroisse de Louis Fortier, l'un des pionniers de Lachine.

Leclerc, fille de Pierre et d'Élisabeth Rondeau; Guillaume (1711) et Marie-Madeleine Dumas, fille de François et de Marie-Françoise Gervais; Louis (1717) et Élisabeth Fontaine, fille d'Étienne et de Marie Conille; enfin, Joseph (1720) et Suzanne Plante, fille d'Antoine et de Marie-Madeleine Cadieux. Cette compilation a été établie au moyen de l'excellent *Dictionnaire généalogique des familles du Québec* de René Jetté.

Antoine Fortier ne décéda pas tranquillement dans son lit. La mort le surprit en 1707 chez les Papinachois. On peut consulter dans les *Mémoires* de la Société généalogique canadienne-française (vol. XXIV, p. 32) un article signé Raymond Lambert, résumant l'existence fort active de ce pionnier, de même que l'inventaire de ses biens.

Avant la fin du XVIIe siècle, un deuxième Fortier fonda un foyer en Nouvelle-France. Il se prénommait Louis, fils de François et de Françoise Haly, de la paroisse Saint-Laurent, à Bayeux. C'est à Lachine, près de Montréal, qu'il éleva sa famille après y avoir épousé, en 1679, Madeleine Moison, veuve de Charles Ptolémée et fille de Nicolas Moison et de Jeanne Vallée. C'est le cinquième mariage figurant dans les registres.

Le couple Fortier/Haly eut onze enfants dont trois fils qui se marièrent à leur tour. Louis choisit pour compagne (1712) Marie-Charlotte Mallet, fille de René et de Marie Lécuyer (13 enfants dont 3 fils). En 1720, Joseph, qui allait être capitaine de milice, conduisit à l'autel Marie-Josèphe Réaume, fille de Robert et d'Élisabeth Brunet (14 enfants dont 3 fils). Enfin, Narcisse-Guillaume-François contracta deux unions: la première en 1728 avec Marie-Anne Milot, fille de Charles et de Marie Pothier (une fille), et la seconde en 1730 avec Suzanne Jarry, fille d'Henri et d'Agathe Lécuyer (5 enfants dont 2 fils).

Les trois frères contribuèrent à l'essor des bourgs de Lachine, de Sainte-Anne-du-Bout-de-l'Île (Sainte-Anne-de-Bellevue) et de la Pointe-Claire. Les deux derniers furent des engagés de l'Ouest, ainsi que l'on désignait les

L'église de pierre du fort Rémy, à Lachine, construite en 1701 et démolie en 1869. L'ancêtre Louis Fortier et sa nombreuse famille la fréquentèrent sans doute (carte postale éditée par la Cité de Lachine).

jeunes hommes qui, répondant à l'appel de l'aventure, participaient au ravitaillement des forts et comptoirs de traite des pelleteries.

Ainsi, en 1725, Alphonse de Tonty, baron de Paludy, était autorisé à envoyer onze canots au Détroit pour y faire la traite des fourrures, chaque embarcation devant être montée de quatre hommes. Ceux qui furent recrutés étaient de Montréal, de Lavaltrie, de Longueuil, de Contrecœur, de Laprairie, de Boucherville, de la Pointe-Claire et de Lachine. Huit étaient de ce dernier endroit, dont Joseph et François Fortier, qui partageaient leur canot avec un compatriote du même bourg, Caron Vital, et Jean Dupuis, de La Prairie.

Des huit filles du couple Fortier/Haly, au moins cinq fondèrent des foyers: Jeanne en 1700 avec Joseph Pilet, Marie-Anne en 1705 avec Nicolas Danis, Françoise l'année suivante avec Alexis Tabault, Marie en 1718 avec Joseph Gauthier et Marguerite en 1726 avec Pierre Auger.

Mentionnons pour terminer que deux pionniers portant le patronyme Forestier se sont établis en Nouvelle-France au cours du XVIIe siècle: Antoine Forestier, originaire de Séverac-le-Château, en Aveyron, et Étienne Forestier dit Lafortune, de Saint-Jean-d'Angély (Saintonge), qui élevèrent des familles nombreuses à Montréal.

François Frigon,
un ancêtre au malheureux destin

En demandant au ministre Colbert l'envoi en Nouvelle-France de jeunes filles susceptibles de fonder des foyers avec les colons célibataires qui s'y trouvaient déjà, l'intendant Talon visait un objectif fort recommandable: celui de peupler la colonie. Pendant le peu d'années qu'il fut en poste, l'importance numérique de la population doubla presque, grâce aussi à d'autres mesures, comme celle de refuser aux hommes non mariés le privilège de se livrer à la traite des fourrures.

En 1670 arrivait une fille du roi, Marie-Claude Chamois, fille d'un Parisien de la paroisse Saint-Gervais, prénommé Honoré, qui avait été secrétaire du roi et héraut d'armes de France, et de Jacqueline Girard. Elle apportait des biens d'une valeur de cent livres.

La même année, Pierre Forcier, originaire de Nantes, la choisissait pour compagne, mais l'engouement fut de courte durée et l'entente, annulée par-devant le notaire Ameau, aux Trois-Rivières. C'est vers François Frigon qu'elle se tourna. Hélas! l'union se termina dans la tristesse, après une quinzaine d'années de ménage et la naissance de six enfants. Après deux départs pour la France afin d'y réclamer un héritage, elle ne semble pas être revenue.

C'est l'historien Raymond Douville qui a fait connaître l'existence aussi malheureuse qu'active de François Frigon, tout d'abord en 1958 dans les *Mémoires* de la Société
généalogique canadienne-française (vol. IX, pp. 209-222),
puis vingt ans plus tard par une étude intitulée *La Vie aven-
tureuse d'un colon des premiers temps*, publiée par les
Éditions du Bien Public.

François Frigon arriva en Nouvelle-France en 1665.
On ne connaît pas son lieu d'origine. L'année suivante, les
recenseurs le trouvent aux Trois-Rivières, chez Michel
Pelletier, sieur de La Prade, en qualité de «domestique».
En réalité, il semble plutôt s'occuper de traite des fourrures
dans la région, notamment à Batiscan, pour son patron.

En 1671, Frigon obtenait des jésuites une concession
de quatre arpents de front sur quarante de profondeur dans
leur seigneurie de Batiscan. C'est deux ans plus tard qu'il
unit sa destinée à celle de Marie-Claude Chamois, mais on
ne sait exactement quand, cette dernière ayant apporté
l'acte de mariage à Paris à l'intention de son procureur.

Lors du recensement de 1681, François cultive sept
arpents et possède cinq bêtes à cornes. Le toit familial
abrite quatre enfants. L'aîné, Jean-François, contractera
deux unions, la première en 1700 avec Madeleine Moreau,
fille de Jean et de Jeanne Guillet (2 fils et 2 filles), et la
seconde en 1715 avec Marie-Gertrude Perreault (9 enfants
dont 4 fils). Les trois autres sont des filles: Marie-
Madeleine deviendra en 1695 l'épouse du soldat Jean
Prime dit Laverdure; Marie-Louise-Françoise décédera
peu avant son dixième anniversaire; Françoise unira sa
destinée à celle de son beau-frère, Joseph Moreau. Les
deux mariages Frigon/Moreau et Moreau/Frigon furent
célébrés le même jour, soit le 8 février 1700, à Batiscan.
Chose étonnante, le célébrant n'a pas signé les actes.

Deux autres enfants naîtront au couple Frigon/
Chamois après le recensement de 1681: Jeanne et Antoine.

En 1710, Jeanne épousera Mathurin Rivard. Quant à Antoine, il décédera apparemment célibataire, à l'âge de 27 ans.

C'est donc grâce à Jean-François que le patronyme se perpétuera. Cinq de ses fils devaient fonder des foyers: François (1735) avec Marie-Jeanne Deshaies, fille de Pierre et de Marguerite Guillet, Claude-Joseph (1732) avec Marie-Jeanne Leblanc, fille de René et de Jeanne Bourbeau, Antoine-Pierre (1748) avec Marie-Anne Trottier, fille d'Augustin et d'Angélique Lefebvre, Pierre (1752) avec Marie-Charlotte Rivard, fille de René et de Charlotte Lafond-Mongrain, et Paul-Joseph (1755) avec Ursule Lefebvre, fille d'Alexis et d'Ursule Brisebois. L'une des filles du premier lit, Marie-Madeleine, prit le voile chez les ursulines des Trois-Rivières.

Bien qu'elle se soit manifestée avec un certain retard, la prolificité, chez les Frigon, n'en a pas moins été généreuse. M. Raymond Frigon, d'Ottawa, qui a poursuivi d'in-

Le beau presbytère-manoir de Batiscan photographié après sa restauration, il y a quelques années, sous l'égide de la Direction générale du Tourisme du Québec. François Frigon et ses enfants l'ont vu construire, car il date de 1693.

145

tenses recherches sur les origines de sa famille, estime à 3 000 le nombre des Frigon en Amérique du Nord, dont les deux tiers au Québec. Il s'en trouve au-delà d'une centaine en Nouvelle-Angleterre, ainsi qu'en Alberta, en Colombie-Britannique, en Ontario et en Californie. Malgré de multiples démarches, M. Frigon n'a pu trouver le lieu d'origine de l'ancêtre, pas plus d'ailleurs que l'historien Raymond Douville. Les hypothèses sont nombreuses, mais aucune ne transcende les autres.

François Frigon était dit l'Espagnol. Son surnom suggérerait-il son pays d'origine? Le patronyme ne figure pas dans les dictionnaires étymologiques des noms de famille. S'il venait d'Espagne, il ne fut pas le seul fondateur de famille né dans ce pays: les Sanche ont pour ancêtre Alexandre Sanchez, de l'évêché de Léon; plusieurs Rodrigue du Québec descendent de Pierre Rodriguez, de la région de Tolède; Pierre Villeday, qui se maria à Montréal en 1698 et Joseph Serran, qui en fit autant à La Prairie en 1684, venaient respectivement de Burgos et de Valladolid, et tous deux étaient dits l'Espagnol.

Hélas! l'existence de François Frigon se termina dans la tristesse. En 1684, son épouse passe en France afin, dit-elle, de récupérer un héritage. Rentrée par la suite, son mari la constitue, au début de novembre 1685, sa «procuratrice générale et spéciale» en fonction des biens «qui se peuvent appartenir en l'ancienne France où elle est prête de passer pour leurs affaires». Jacqueline Girard a renié sa fille, apparemment seule héritière du sieur Honoré Chamois. M. Raymond Frigon, cité plus haut, a porté à notre attention le plaidoyer du chancelier d'Aguesseau, alors avocat général, en cette affaire, et que l'on peut consulter au conservatoire des volumes anciens de la Bibliothèque nationale du Québec (155 ouest, rue Sherbrooke, Montréal).

Demeuré seul avec ses enfants, le pionnier entreprit diverses expéditions dans les pays d'En-Haut pour y prati-

ŒUVRES
DE M. LE CHANCELIER
D'AGUESSEAU.
TOME SECOND,
CONTENANT LES PLAIDOYERS
Prononcés au Parlement en qualité d'Avocat
Général dans les années 1691, 1692, 1693.

A PARIS,
CHEZ LES LIBRAIRES ASSOCIÉS.

M. DCC. LXI.
AVEC APPROBATION ET PRIVILEGE DU ROI.

*Cet ouvrage paru en 1761 comporte le plaidoyer du chancelier d'Aguesseau
dans l'affaire opposant Marie-Claude Chamois à sa mère.*

quer la traite des fourrures. Il décéda à Batiscan en 1724,
emportant peut-être dans la tombe un secret que n'ont pu
percer les historiens, car, remarque M. Douville, on peut
raisonnablement croire qu'il était au courant de la situation
et de la fatalité qui s'attachaient à son malheureux destin.

Tous les Gauvin de l'Amérique
sont issus d'un même couple

Un peu partout, au Québec, des stèles rendent un hommage mérité aux pionniers qui ont profondément enraciné leur patronyme dans le terreau de la Nouvelle-France. En 1965, les Gauvin ont à leur tour marqué ainsi le trois-centième anniversaire du mariage de leur ancêtre. Et cette stèle, ils n'auraient pu choisir meilleur endroit pour l'implanter qu'à L'Ancienne-Lorette, près de Québec, où sont nés la plupart des enfants de Jean Gauvin et d'Anne Magnan, et cela, dans le parc Cyrille-Gauvin, en face de l'hôtel de ville, qui porte le nom d'un généreux citoyen: c'est lui qui a légué les terrains sur lesquels on a aménagé cette oasis urbaine.

Jean Gauvin, fils de Louis et d'Anne de Lépine, était originaire de Croix-Chapeau, non loin de La Rochelle. De nos jours, cette commune compte près de mille habitants et est située en Charente-Maritime. Depuis La Rochelle, la D 939 y conduit en moins de douze kilomètres.

C'est en 1662 que le pionnier arriva en Nouvelle-France. Sans doute fut-ce à la fin d'un engagement de trois ans qu'il fonda un foyer, à Québec, avec une fille du roi âgée d'environ 16 ans, Anne Magnan. C'était le 22 octobre 1665. Anne avait été amenée dans la colonie la même année. Elle venait de la paroisse parisienne de Saint-

L'église de Croix-Chapeau, à une douzaine de kilomètres de La Rochelle. C'est le lieu d'origine de l'ancêtre de tous les Gauvin de l'Amérique du Nord.

Germain-l'Auxerrois. L'abbé Jean Le Sueur, premier prêtre séculier venu en Nouvelle-France, donna la bénédiction nuptiale au couple, qui avait passé un contrat de mariage deux jours plus tôt par-devant le notaire Pierre Duquet.

Jean Gauvin et Anne Magnan allaient devenir les seuls ancêtres des Gauvin de vieille souche de l'Amérique du Nord, et lors du dévoilement de la stèle mentionnée plus haut, on estimait leur nombre à environ dix mille, dont la moitié à l'extérieur du Québec.

Le couple Gauvin/Magnan eut dix enfants. L'aîné, Jean-Nicolas, vit le jour à Québec, puis naquirent Marie-Anne et Jean-François, baptisés à Sillery en 1671 et 1673. C'est que le colon ne s'est pas encore établi à demeure. Ainsi, lors du recensement de 1667, on le trouve, ainsi que son épouse, sur une terre de la côte Sainte-Geneviève où l'on a retenu ses services en qualité de fermier. Il y met dix arpents en valeur.

Les sept autres enfants seront tous baptisés à L'Ancienne-Lorette, car la famille s'est installée au bourg de la Petite-Auvergne (Charlesbourg). C'est là d'ailleurs que le père décédera en 1706. Sa veuve lui survivra sept ans.

C'est donc à la Petite-Auvergne que les recenseurs noteront la présence du couple en 1681. Hélas! l'aîné, Jean-Nicolas, est décédé. Sous le toit familial, Jean et Anne élèvent Marie-Anne et Jean-François, de même que deux autres fils, Étienne et Jean, nés en 1676 et 1680. Le colon cultive douze arpents.

Dès après le passage des recenseurs naîtra une fille, Marie-Madeleine, puis quatre fils viendront compléter la famille au fil des ans: Pierre (1684), Jean-Baptiste-Louis (1687), Jacques (1690) et Pierre-Joseph (1694).

En 1702, Jean-François épousait, à la Rivière-Ouelle, Marie-Madeleine Bouchard, fille de Michel et de Marie Trotin et veuve de Pierre Dancosse, à qui elle avait donné neuf enfants. Le ménage Gauvin/Bouchard demeura sans progéniture.

Étienne devait contracter deux unions. En 1700, à L'Ancienne-Lorette, il conduisait à l'autel Marie-Anne Bulté, fille de Pierre et de Jeanne Charron et veuve de Jean Guerganivet, à qui elle avait donné deux enfants. Ce dernier était décédé en 1699 à l'âge de 77 ans. Sa veuve n'en avait pas tout à fait quarante. Marie-Anne décéda au début de 1709. Trois mois plus tard, Étienne choisissait pour seconde compagne Marie-Jeanne Fiset, fille de Jean-Baptiste et de Marie Bezeau, qui fut mère de près d'une dizaine d'enfants, dont un fils, également prénommé Étienne, qui allait être à l'origine de la branche des Gauvin de la Rivière-Ouelle.

On ne sait ce qu'il advint de Jean, né en 1680; il est sans doute décédé après le recensement de 1681. Quant à Pierre, il épousa à L'Ancienne-Lorette, en 1707, Marie-Anne Fiset, sœur de Marie-Jeanne, qui allait devenir, deux ans plus tard, la seconde compagne de son frère Étienne. Il fut père de dix enfants, dont cinq fils, et au moins quatre d'entre eux se marièrent à leur tour.

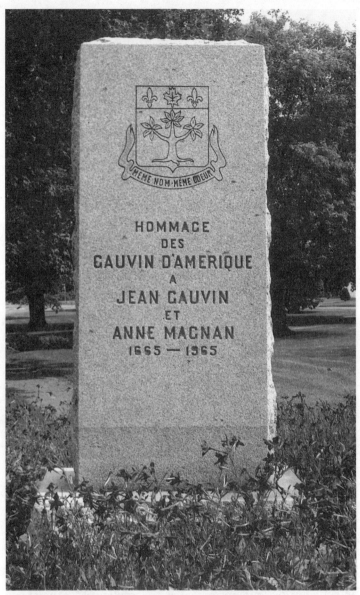

À L'Ancienne-Lorette, près de Québec, cette élégante stèle de granit évoque depuis 1965 le troisième centenaire du mariage de Jean Gauvin et d'Anne Magnan.

Les généalogistes ne sont pas fixés sur ce qu'il advint de Jean-Baptiste-Louis, né en 1687 ; ils n'ont pas trouvé dans les registres de l'état civil, semble-t-il, d'autre acte que celui de son baptême. On en sait davantage, par contre, au sujet de Jacques et de Pierre-Joseph.

En 1712, à la Rivière-Ouelle, Jacques épousa Marie-Louise Saint-Pierre, fille de Pierre et de Marie Gerbert. Une première fille, née à la Rivière-Ouelle, y décéda à l'âge d'un an. Le couple s'établit ensuite à Saint-Roch-des-Aulnaies, où naquirent ses autres enfants, baptisés à La Pocatière, soit une demi-douzaine de garçonnets et fillettes. Au moins quatre des fils fondèrent à leur tour des foyers. Jacques décéda subitement aux Aulnaies en 1747. Cinq ans plus tard, sa veuve devenait l'épouse de Sébastien Hervé.

Le dernier des fils, Pierre-Joseph, choisit pour compagne de vie, en 1723, Marie-Anne Jourdain, fille de Thomas et de Marie-Anne Fontaine, mais l'union demeura sans postérité.

Les deux filles du couple Gauvin/Magnan fondèrent des foyers. En 1685, Marie-Anne joignit sa destinée à celle de Louis Bureau dit Sanssoucy ; elle décéda après la naissance de deux enfants. Sa sœur, Marie-Madeleine, éleva une belle famille, en compagnie de Charles Bouin dit Dufresne, qu'elle épousa en 1705 ; le couple eut dix enfants, tous baptisés à L'Ancienne-Lorette.

En 1965, plus d'un millier de Gauvin se réunissaient à Québec pour marquer le troisième centenaire du mariage des ancêtres Jean Gauvin et Anne Magnan. Ils étaient venus de tous les coins de l'Amérique du Nord, depuis Vancouver et les Maritimes et depuis la Floride et la Californie, le Texas, le Wisconsin, le Minnesota, le Maine, l'état de New York, etc. La stèle en granit de Stanstead qu'ils dévoilèrent en souvenir de leurs retrouvailles fraternelles, à L'Ancienne-Lorette, comporte les armoiries de l'association familiale et la devise «Même nom, même cœur».

Deux ancêtres à l'origine
de nos familles Gendron

Alors que l'île de Ré a donné plus d'une centaine de pionniers à la Nouvelle-France, il n'en est venu que fort peu de l'île d'Oléron, pourtant beaucoup plus vaste. Elles ne sont séparées que par le pertuis d'Antioche, où se trouve l'île d'Aix, de napoléonienne notoriété.

Oléron est la plus grande des îles françaises après la Corse. Depuis la toute proximité de Marennes, un pont y conduit, et la D 734, longue de 26 km, traverse l'île. Première commune, Le Château d'Oléron, d'où nous vint le premier Gendron qui ait fondé un foyer sur nos bords. Fils de Pierre et de Marie Renaut, Nicolas Gendron dit Lafontaine était boucher. C'est en 1656, le 14 février, qu'il contracta mariage avec Marie-Marthe Hubert, fille de Toussaint et de Catherine Champagne, originaire de l'archevêché de Reims. La bénédiction nuptiale fut donnée au couple par le père Joseph Poncet de La Rivière, alors curé de Québec.

Il semble que le couple s'établit tout d'abord dans la seigneurie de Notre-Dame-des-Anges, les Jésuites lui ayant concédé une terre de deux arpents de front, sur la rivière Saint-Charles, par trente de profondeur. C'était deux ans après le mariage. Gendron s'engage à tenir feu et lieu dans «l'emplacement du village commencé», mais en

L'île d'Oléron, d'où originait l'ancêtre Nicolas Gendron dit Lafontaine, est la plus grande des îles françaises après la Corse. Un pont moderne la relie au continent. On l'emprunte tout près de Marennes.

1661, le colon décide de se fixer plutôt dans l'île d'Orléans. Il cède sa concession à Eustache Lambert, qui promet de prendre sa relève et de lui verser 500 livres, soit en argent, soit en castors.

Le couple a déjà perdu un fils lorsque Nicolas achète, le 25 juillet, une terre située dans la paroisse de Sainte-Famille. Le vendeur, Grégoire Deblois, en avait obtenu la concession six mois plus tôt du seigneur Charles de Lauzon de Charny, fils du gouverneur Jean de Lauzon.

Au cimetière de Sainte-Famille, l'apparence du charnier s'inspire de celle de l'historique église paroissiale.

155

En février 1664, un drame frappe la famille. Le *Journal des Jésuites* le rapporte sans identifier la victime. «Continuèrent les brouilleries et entre autres des affiches contre les puissances, et les désordres de l'ivrognerie recommencèrent, en sorte qu'un sauvage nommé Robert Hache viola une jeune femme qu'il trouva en chemin.» Cette jeune femme était l'épouse de Nicolas Gendron. Hache aurait été pendu si des chefs algonquins n'étaient intervenus en sa faveur sous prétexte qu'on ne les avait jamais informés que tel crime était aussi sévèrement puni par les lois françaises; ils ajoutèrent qu'en ce domaine, la jeunesse française n'avait pas toujours donné le bon exemple. Le Conseil souverain pardonna, réservant à la victime les dédommagements civils qu'elle réclamerait.

Lors du recensement de 1667, quatre fils habitent sous le toit familial. Nicolas met dix arpents de sa terre en valeur et possède trois têtes de bétail. Malheureusement, il devait décéder prématurément quatre ans plus tard. Sa veuve contracta une seconde union avec Benoît Ponsart, déjà veuf de Marie Lespérance; elle lui donna un fils qui décéda à l'âge de 12 ans.

Le couple Gendron/Hubert eut six enfants. Il avait déjà perdu un fils lors de son installation dans l'île d'Orléans. Deux autres devaient décéder sans fonder de foyers. Seuls Jacques et Pierre devaient assurer la pérennité du patronyme. La seule fille de la famille, Marie-Marthe, joignit sa destinée à celle de Pierre Sylvestre en 1685; elle lui donna trois fils.

Jacques fut le plus prolifique des deux frères. Il s'allia, en 1686, à Marie-Anne Charland, fille de Claude et de Jeanne Pelletier, qui lui donna onze enfants dont neuf fils. Trois de ceux-ci décédèrent en bas âge et un quatrième à 25 ans. Les cinq autres se marièrent: Joseph en 1715 avec Geneviève Asselin, fille de Jacques et de Marie Morisset (7 enfants dont 2 fils), puis en 1730 avec Françoise Émond, fille de René et de Louise Senelé (7 enfants dont 4 fils); François en 1726 avec Marie-Louise Bilodeau, fille de Simon et d'Anne Turcot (7 enfants dont un fils); Claude en 1722 avec Françoise Daniau, fille de Jean et de Françoise Rondeau (une fille), puis en 1724 avec Marie-Marthe Gagné, fille de Jean et de Marie-Madeleine Langlois (2 enfants dont un fils); Gabriel en 1728 avec Élisabeth Bilodeau, sœur de Marie-Louise (2 filles); et Augustin en 1740 avec Marie-Anne Gaumont, fille de Germain et de Marie Balard (5 enfants dont un fils).

Devenu veuf, Jacques Gendron contracta une seconde union, avec Marie-Madeleine Trudel, fille de Nicolas et de Barbe Letartre, qui lui donna trois filles.

Quant à Pierre, qui semble avoir pris la relève de son père sur la terre familiale de Sainte-Famille, il épousa en 1694 Marie Thivierge, fille d'Hippolyte et de Renée Hervé. Le couple eut douze enfants tous nés à Sainte-Famille. Hélas! la grande Faucheuse lui en prit sept. Les cinq autres, dont deux fils, fondèrent des foyers. Nicolas conduisit à l'autel, en 1723, Marie-Madeleine Ratel, fille de Pierre et de Marie-Antoinette Verger (7 enfants dont 3 fils). En 1725, Joseph unit sa destinée à celle d'Angélique Baucher, fille de Joseph et de Marthe Lemieux (5 enfants dont un fils).

Le 11 novembre 1671, le Poitevin Pierre Genderaux et la Parisienne Marie Charpentier signaient un contrat de mariage par-devant le notaire Becquet. Le généalogiste Tanguay en fait un Gendron, et son collègue de plus récente date, René Jetté, un Gendras. Or, c'est sous le patronyme de Gendron que deux de leurs fils sont mentionnés dans le *Répertoire des actes de baptême, mariage et sépulture* lorsqu'ils se marient à leur tour, à Batiscan, en 1707 et 1710. Jean eut 12 enfants dont six fils, et Antoine, 11 enfants dont six fils également.

Les familles Gendron ont dédié cette stèle à la mémoire de l'ancêtre Nicolas dans le cimetière de Sainte-Famille, île d'Orléans.

De ces 12 fils, huit sont mentionnés sous le patronyme de Gendra, deux sous celui de Jandra, un sous celui de Jendra et un dernier sous celui de Gendron. Il semble que seule l'épellation Gendron ait survécu. On trouve plus d'un millier d'abonnés de ce nom dans l'annuaire téléphonique de la région de Montréal.

Au début du XVIIIᵉ siècle, un navigateur originaire de Saintonge, Bernard Gendron, épousa à Montréal (1710) Marie-Anne Morand, fille de Jacques et de Jacquette Audet. Le couple eut près d'une douzaine d'enfants dont neuf décédèrent en bas âge. Il semble que seulement deux fils survécurent à leur prime jeunesse, mais on n'en trouve pas la trace dans les dictionnaires généalogiques.

Les Jutras descendent
de deux frères venus de Paris

On a parfois l'impression que la ville de Paris a fourni peu de ses fils à la Nouvelle-France. Ceci résulte probablement du fait que nos ancêtres sont venus massivement des provinces situées sur les bords de l'Atlantique, vu la proximité des ports d'embarquement. Pourtant, un rapide examen de leurs lieux d'origine démontre que près de 300 pionniers appartenaient à des paroisses parisiennes ou à des bourgs situés à la périphérie de la ville et qui se trouvent maintenant à l'intérieur des limites mêmes de la cité. Et ceci ne comprend pas les dizaines de jeunes femmes qui ont franchi l'Atlantique pour fonder des foyers dans la vallée du Saint-Laurent.

Ainsi, près d'une dizaine de paroissiens de Saint-Séverin ont trouvé place dans nos dictionnaires généalogiques, dont les deux frères Jutras.

On trouve l'église Saint-Séverin non loin de la place Saint-Michel, sur la rive gauche. Depuis la place, l'étroite rue Saint-Séverin conduit à la rue Saint-Jacques. Avant d'atteindre celle-ci, on longe l'église. C'est l'un des plus anciens bâtiments de Paris. Sa construction débuta pendant le règne de saint Louis. Au XVe siècle, on l'allongea jusqu'à la rue Saint-Jacques. Les trois premières travées de la nef sont de style gothique (XIIIe s.) et le reste, de style flamboyant. Saint-Séverin fut la première paroisse de la rive gauche.

Les frères Jutras étaient fils de Pierre et de Claude Boucher. Claude aurait été baptisé en 1630 et Dominique, en 1643.

Claude, qui était dit Lavallée, épousa aux Trois-Rivières, le 5 novembre 1657, Élisabeth Radisson, fille de Pierre-Esprit et de Madeleine Hénault. Pierre-Esprit Radisson était nul autre que ce célèbre explorateur et coureur de bois qui formait équipe avec son beau-frère, Médard Chouart Des Groseilliers. Mais Claude ne semble pas avoir, comme son beau-père, répondu par de longues expéditions à l'attrait de la traite des fourrures, mais avoir vécu paisiblement aux Trois-Rivières où naquirent ses neuf enfants entre 1658 et 1678.

Lors du recensement de 1667, on note la présence du couple sur une terre du Cap-de-la-Madeleine, où il met seize arpents en valeur et possède cinq bêtes à cornes. Il a

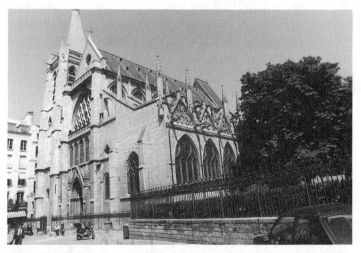

Le porche de l'église Saint-Séverin est situé rue des Prêtres-Saint-Séverin. Le bâtiment fut prolongé jusqu'à la rue Saint-Jacques, puis doté d'un double bas-côté qu'éclairent trois fenêtres dotées d'arcs en ogive.

pour voisine Marguerite Hayet, veuve de Jean Veron, sieur de Grandmesnil, mais remariée depuis 1653 à Médard Chouart, et qui était la fille de Madeleine Hénault; elle cultivait 45 arpents.

Le couple Jutras/Radisson a déjà quatre enfants. L'aînée, Madeleine, épousa en 1675 Jean-Amador Godefroy, sieur de Saint-Paul et de Tonnerre, marchand de poisson et de fourrures; elle décéda deux ans plus tard après avoir donné naissance à deux enfants. La deuxième fille fonda un foyer, en 1683, avec Michel Poulin, sieur de Saint-Maurice, qui allait devenir seigneur et substitut du procureur du roi aux Trois-Rivières; elle fut mère de cinq enfants dont deux se firent prêtres.

Les deux enfants suivants furent des fils. On perd la trace de Claude, né en 1664. Par contre, on sait que Pierre, qui était sieur de la Perrotière et avait vu le jour en 1667, se laissa tenter par l'aventure des voyages vers l'Ouest, mais les dictionnaires ne mentionnent pas qu'il se soit marié.

Après le recensement de 1667, le couple Jutras/Radisson eut cinq autres enfants, dont quatre filles. Élisabeth épousa Pierre Mouet en 1694 et lui donna sept enfants. Catherine unit sa destinée à celle du veuf Claude Crevier dit Bellerive et fut mère d'un fils. Marie-Josèphe prit le voile chez les ursulines des Trois-Rivières. Françoise se laissa conduire à l'autel par le soldat Claude Thorillon, en 1699, et quatre enfants naquirent de cette union.

C'est un fils, Jean-Baptiste, qui compléta la famille, en 1678. Il était dit Lavallée, comme son père, et fonda un foyer en 1710 avec Marie-Josèphe Godefroy, fille de Michel et de Perrine Picoté. Des huit enfants issus de cette union, une demi-douzaine étaient des fils et trois d'entre eux, Jean-Baptiste, Michel et Joseph, se marièrent à leur tour. Malheureusement, Michel, qui était milicien, se noya en face de Sainte-Croix en 1659 et n'eut qu'un fils posthume. En 1748, Jean-Baptiste épousa, à Michillimakinac,

L'église Saint-Séverin a cette particularité qu'en 1837, on a remplacé sa porte par celle de l'église Saint-Pierre-aux-Bœufs. Elle date de la première moitié du XIIIᵉ siècle. Elle a été transportée pierre par pierre, avec ses dix colonnettes enguirlandées de feuillage et son archivolte en ogive.

Marie-Catherine Larchevêque, fille d'Augustin et de Marie-Madeleine Réaume. Joseph choisit pour compagne de vie, en 1755, Marie-Anne Godefroy, fille de Jean-Baptiste et de Madeleine Lemaistre.

En 1681, Claude Jutras et son épouse, Élisabeth Radisson, sont aux Trois-Rivières et y cultivent 30 arpents. Médard Chouart et Étienne Veron sont leurs voisins.

Claude Jutras, avons-nous dit, avait un frère, Dominique, qui était dit Desrosiers. On ne sait quand il arriva dans la colonie, mais on le signale aux Trois-Rivières en 1671. C'est à Sorel, en 1684, qu'il prendra épouse, Marie Niquet, fille de Pierre et de Françoise Lemoine, mais c'est aussi aux Trois-Rivières qu'il se fixa. Trois fils et quatre filles naîtront de cette union. Deux des fils se marieront à leur tour. Michel rentre d'une expédition vers l'Ouest en 1713. L'année suivante, il conquiert la main de Marie-Ursule Pinard, fille de Louis et de Marie-Ursule Pépin. C'est à Nicolet que le couple reçoit la bénédiction nuptiale, et c'est là que naîtront ses dix enfants. Quant à Jean-Baptiste, c'est aussi une Pinard qu'il conduisit à l'autel, Marie-Jeanne, fille de Louis et de Marie-Madeleine Renou. Hélas! le couple n'eut pas de postérité.

Le couple Michel Jutras/Marie-Ursule Pinard compta quatre fils dans sa progéniture et trois se marièrent. L'aîné, Dominique, joua de malheur. En 1749, il s'unissait à Marguerite Malbœuf, fille de François et de Madeleine Lafrance, mais la jeune femme décéda à la naissance de son premier bébé. En 1750, il contractait une seconde union, avec Marie-Josèphe Trottier, fille de Michel et de Marie-Thérèse Mouet, qui lui donna une dizaine d'enfants. Joseph conduisit à l'autel, en 1748, Marie-Josèphe Mouet, fille de Pierre et d'Élisabeth Jutras, fille de Claude Jutras dit Lavallée et, par conséquent, sa cousine; cette dernière était la veuve de Joseph Potier. Enfin, en 1758, Michel se maria à Marie-Louise Dumas, fille de Jean-Baptiste et de Marie-

Anne Bergeron. Quant aux filles, elles s'allièrent à de jeunes hommes nommés Laspron, Provencher, Lacerte, Loiseau, Bruneau et Desrosiers-Désilets.

Les Laberge, prolifiques pionniers
de L'Ange-Gardien

On s'étonne toujours, quand on parcourt la France, de ce que de minuscules communes sont souvent dotées d'un prestigieux château. C'est que lorsque de tels monuments avaient un rôle défensif, on en choisissait le lieu d'implantation en fonction de données stratégiques, et un bourg se formait bientôt sous ses murs.

C'est ainsi que Colombières, dans l'arrondissement de Bayeux, une localité d'à peine plus de 200 habitants, s'enorgueillit d'un impressionnant château du XIVe siècle flanqué de tours qui évoquent l'architecture militaire du Moyen Âge. L'ancêtre de nos familles Laberge apporta sans doute avec lui le souvenir visuel de cette place forte lorsqu'il franchit l'Atlantique.

Robert de La Berge était le fils de Jacques de La Berge, de Colomby, et de Marie Poitevin, de Thaon. Ces deux localités existent toujours; elles sont voisines et situées à une douzaine de kilomètres au nord de Caen. Lorsqu'il quitta la France, cependant, Robert était de Colombières-sur-Than, ainsi que l'indique son acte de mariage figurant dans les registres du Château-Richer à la date du 28 mai 1663. Ce jour-là, il joignait sa destinée à celle de Françoise Gausse dite Le Borgne, fille de Maurice et de Marguerite Blée. Françoise était veuve de Nicolas Durand

L'imposant château de Colombières situé dans le Calvados, non loin de Bayeux. Il date du XIVᵉ siècle et servit de base à François de Bricqueville, baron de Colombières, qui dévasta la Basse-Normandie au nom de la religion réformée.

«tué dans son désert», c'est-à-dire lors de travaux de défrichement, et la mère d'une fillette, Marie-Ursule, âgée de quelques mois.

Peu avant son mariage, Robert de La Berge avait obtenu dans l'île d'Orléans une concession de trois arpents de front sur le Saint-Laurent et, en profondeur, «jusqu'à la route qui traversera ladite île de pointe en pointe». Il s'était engagé à verser au seigneur chaque année, à la Saint-Rémi, vingt sols de rente foncière et douze deniers de cens pour chaque arpent de front, et à lui remettre deux «chapons vifs» (vivants).

En 1666, les recenseurs trouvent le couple Laberge sur une terre de L'Ange-Gardien, car le colon a vendu sa concession de l'île d'Orléans. Deux filles sont nées, Geneviève et Françoise, qui ont pour compagne la petite Marie-Ursule Durand, maintenant âgée de quatre ans et qui, en 1677, épousera Antoine Huppé. Françoise n'est encore âgée que de huit jours et elle décédera peu après. Robert a un engagé à son service, Jean Midiou dit Villeneuve. L'année suivante (1667), le couple met douze arpents en valeur et possède deux têtes de bétail. Un nouvel engagé le seconde, Charles Alin.

Robert de La Berge ne se limite pas à la culture. Sans doute a-t-il besoin de revenus d'appoint pour élever sa famille. Ainsi, en 1667, il s'engage à livrer à Pierre Denys de La Ronde trois cents planches de pin «loyales et marchandes», qu'il portera au «Cul de Sacq» de Québec, c'est-à-dire là où se trouve maintenant la place Royale. Plus tard, il sera fabricant de chaux.

Le couple La Berge/Gausse eut six enfants dont trois fils. Nous avons vu que l'une des filles décéda au berceau. Les deux autres fondèrent des foyers: Geneviève (1679) avec Pierre Groleau et Catherine (1687) avec Guillaume Marois, greffier de la seigneurie de Beaupré, puis (1712) avec René Poupart dit Lafleur. Les deux sœurs furent mères de sept et onze enfants, respectivement.

La maison Laberge, située au 24, rue de la Mairie, à L'Ange-Gardien, a été classée monument historique en 1975. Elle avait été habitée par plusieurs générations de Laberge jusqu'en 1970. Elle aurait été construite vers 1732.

Les trois fils se marièrent, et le benjamin, Guillaume, fut remarquablement prolifique.

En 1692, l'aîné, François, conduisit à l'autel Marguerite Boucher, fille de Guillaume et de Marie-Jeanne Thibault. Deux des fils du couple contractèrent des unions: Guillaume (1730) avec Marguerite Cloutier et François (1727) avec Geneviève Gravel. Le père, François, perdit son épouse en 1705 et, six ans plus tard, il contractait une seconde union, avec Marguerite Gravel; une demi-douzaine d'enfants naquirent de ce ménage, dont quatre fils qui ne vécurent que quelques jours.

En 1692 également, le deuxième des fils, Nicolas, fonda un foyer, avec Madeleine Quentin, fille de Nicolas et de Madeleine Roulois. Ce couple eut quatre enfants nés au cours des huit années suivantes, mais les dictionnaires généalogiques n'en mentionnent pas d'autres et ne donnent pas la date du décès du père. René Jetté précise que Nicolas s'engagea pour un voyage dans l'Ouest en 1702. Trois des enfants furent des fils, et ils se marièrent: Nicolas (1717) avec Angélique Trudel, Pierre (1721) avec Marguerite Paré et Jean-Baptiste (1725) avec Rose Huot.

Le benjamin, Guillaume, disions-nous, fut le plus prolifique. En 1695, il choisit pour compagne de vie sa belle-sœur, Marie Quentin, qui lui donna treize enfants, dont douze fils, et au moins huit de ceux-ci fondèrent à leur tour des foyers! Nous les mentionnons ci-après avec, comme pour les autres, la date de leur mariage et le nom de leur conjointe.

Guillaume et Jacques épousèrent la même année (1720) Marie-Françoise Larue et Marguerite Gagnon, respectivement. Puis, deux frères choisissent deux sœurs: Timothée et Charles conduisent à l'autel Anne Amelot (1727) et Marie-Madeleine Amelot (1728); elles étaient les filles de Jacques Amelot dit Sanspeur, un militaire.

En 1739, François conduit Marie-Anne Charles à l'autel. Gabriel contractera deux unions: en 1744 avec Marie-Anne Parent puis, cinq ans plus tard, avec Madeleine Jourdain. En 1747, Jean-Baptiste épouse Marie-Josèphe Roy-Audy. Enfin, en 1751, Pierre jette son dévolu sur Marie-Anne Corbin.

Visiblement, Robert de La Berge n'eut pas la vie facile. Au recensement de 1681, quatre enfants dont l'âge s'échelonne de huit à quatorze ans habitent le toit paternel. L'aînée, Geneviève, s'est mariée deux ans plus tôt. Le colon ne cultive que deux arpents. C'est probablement parce qu'il pratique un métier: il est propriétaire d'un four à chaux. Ainsi, en 1688, le boucher Jean Mathieu l'autorise à prendre sur sa concession tous les bois propres à la production de chaux. Malgré son travail incessant, il se voit dans l'obligation de signer des obligations par-devant notaire «dans son grand besoin et nécessité». Il décédera au Château-Richer en 1712 à l'âge de près de 74 ans. Sa veuve lui survivra deux ans.

On peut consulter l'inventaire après décès des biens du pionnier dans *La Famille Laberge*, une étude signée Anna Laberge et parue dans les *Mémoires* de la Société généalogique canadienne-française (vol. V, p. 147).

Les Lamarre comptent deux ancêtres arrivés au XVIIe siècle

Le premier de ce nom qui fonda un foyer en Nouvelle-France était Normand, mais on n'a pu établir d'où venait le second. Louis Lamarre dit Gasion était de Pîtres, arrondissement des Andelys. Les touristes connaissent bien le vaste panorama qui s'offre depuis les imposantes ruines du château Gaillard, une puissante forteresse construite au XIIe siècle par Richard Ier Cœur de Lion et dont les murs dominent la Seine. Pîtres est sur la rive droite du fleuve, entre les N 14 et 15, au sud de Rouen.

En 1659, à Québec, Louis épousait Jeanne Garnier, fille de Sébastien et de Marie Roux, de l'île d'Oléron, et veuve de René Maheu. Il décéda prématurément, laissant deux fils. En 1684, Pierre conduisit à l'autel Marie Paulet, fille d'Antoine et de Suzanne Miville. Deux ans plus tard, Louis unissait sa destinée à celle d'Anne Quentin, fille de Nicolas et de Madeleine Roulois. Le couple Lamarre/Paulet eut quatre enfants dont deux fils, Joseph, marié en 1715 à Marie Vérieu, et Pierre, qui prit Marie-Barbe Fournier pour épouse en 1720. Quant au couple Lamarre/Quentin, il semble n'avoir eu qu'un fils, Jean-Philippe, qui contracta deux unions, la première en 1712 avec Jeanne Saint-Aubin, fille d'Adrien et de Jeanne-Marguerite Beloy, et la seconde avec Marie-Françoise Jolivet, fille d'Aimé et d'Anne Fiset.

De ces deux unions naquirent une quinzaine d'enfants dont dix fils, et six d'entre eux se marièrent à leur tour.

Selon les dictionnaires généalogiques, le deuxième Normand qui enracina le patronyme Lamarre en Nouvelle-France, André, était aussi originaire de la région rouennaise, plus exactement de Bihorel, qui est de nos jours une ville-dortoir de quelque dix mille habitants, située dans le canton de Bois-Guillaume (Seine-Maritime), à une dizaine de kilomètres au nord-est de Rouen, entre les amorces des N 28 et 31.

Mais, dans les *Mémoires* de la Société généalogique canadienne-française (vol. XXXI, p. 166), Philippe Constant (pseudonyme du chercheur Jean-Jacques Lefebvre) ledit originaire de Bahalon, en ajoutant un point d'interrogation entre parenthèses. Il paraît qu'au XVIIe siècle, il existait un bourg de ce nom en Champagne, mais ce toponyme n'apparaît pas dans le dictionnaire des communes de France. Le problème, c'est que l'acte de mariage de cet ancêtre demeure introuvable; on ne peut pour l'instant que se baser sur le déchiffrement du contrat de mariage passé le 8 juin 1700 par-devant le notaire Pierre Raimbault, qui fut une figure importante de l'histoire de Montréal, où il occupa plusieurs postes, dont celui de subdélégué de l'intendant. Le président de la Société d'histoire de Longueuil, M. Édouard Doucet, ne désespère pas de pouvoir un jour trouver un document inédit qui permette de solutionner l'énigme.

Que cette Société s'intéresse au problème ne surprendra personne: elle a son siège social dans une demeure ancestrale qui évoque la lignée de ce pionnier, la maison André-Lamarre, sise au 255 de la rue Saint-Charles, à l'est du chemin de Chambly, à Longueuil. Elle y maintient un centre de recherches. Cette maison patrimoniale, qui appartient à la ville, a été classée monument historique en 1976.

C'est en qualité de soldat que l'ancêtre André (de) Lamarre dit Saint-André franchit l'Atlantique. Il portait l'uniforme de la compagnie de Longueuil. C'est donc en 1700 qu'il choisit pour compagne Marie-Angélique Chapacou, fille de Simon et de Marie Pacaud et veuve d'André Bouteiller, meunier de Longueuil. Elle avait déjà été mère de huit enfants et elle devait en présenter neuf à son second époux. Le père, Simon, avait été inhumé dans l'église de Longueuil en 1690.

Étaient présents lors de la signature du contrat de mariage le seigneur Charles Le Moyne de Longueuil, qui allait devenir le premier Canadien de naissance à être fait baron, son épouse, Claude-Élisabeth Souart, nièce du sulpicien Gabriel Souart, premier curé de Ville-Marie, et leur fille, Élisabeth.

André Lamarre passa toute son existence à Longueuil, et elle fut longue car, lors de son décès, en 1756, l'officiant qui présida à sa sépulture lui attribuait 96 ans. Il participa activement à la vie communautaire. En 1722, les Longueuillois songent à la construction d'une nouvelle église. L'année suivante, André figure au nombre des paroissiens qui prennent la décision: elle sera de pierre, comportera deux chapelles et mesurera 80 pieds sur 40. C'est le maître maçon Guillaume Alexandre qui l'érigera. En 1727, André louera pour 28 livres le septième banc de la première rangée du milieu, côté de la chaire.

Neuf enfants naquirent au couple Lamarre/Chapacou, dont quatre fils. L'un d'eux décéda au berceau. Les dictionnaires généalogiques ne nous disent pas ce qu'il advint de Joseph et de Louis, nés respectivement en 1704 et 1710. Ils nous renseignent cependant sur André qui, en 1731, épousa Marie Lanctot, fille de François, capitaine de milice, et de Claire Laplante. De cette union naquirent six enfants dont trois fils. Séraphin, lui aussi capitaine de milice, unit sa destinée, en 1763, à Louise Rouillé, fille de Joseph et de Marie-Josèphe Adam et veuve de Toussaint Benoît; leur fils, François-Séraphin, acquit une certaine notoriété dans les démêlés des compagnies de fourrure du nord-ouest et de la Baie d'Hudson: il avait encadré des Métis qui s'étaient chargés de disperser des colons établis par lord Selkirk.

Les deux frères de Séraphin ont mené une existence plus calme. En 1761, Joseph avait conduit à l'autel Marie Campeau, fille d'Étienne et de Marie-Louise Boire. André choisit pour compagne, en 1758, Marguerite Vincent, fille de François et de Marguerite Tessier, et fut père de trois fils et de deux filles qui se marièrent à leur tour.

Les Lamarre ont largement contribué à l'essor de Longueuil. Selon le généalogiste Marcel Fournier, ils ont œuvré en divers domaines entre 1850 et 1915: professions libérales, comptabilité, ferblanterie, cordonnerie, peinture et commerce (foin et épicerie).

Pierre-Basile Lamarre, zouave pontifical en Italie (1868), fut élu maire de la paroisse de Longueuil en 1883 et occupa ce poste pendant plusieurs années.

La maison André-Lamarre, à Longueuil, classée monument historique en 1976. C'est le siège de la Société d'histoire de Longueuil, qui y maintient un centre de recherches.

La première église de Longueuil, construite en 1724. Le pionnier André Lamarre y loua un banc en 1727.

En 1690, à Québec, le maître chirurgien Henri Bélisle dit Lamarre fonda une famille avec Catherine de Mosny, fille de Jean et de Catherine Fol; il contracta une seconde union, mais il semble que ses descendants n'ont pas pris son surnom pour patronyme.

Précieux apport de nos LeBlanc de souche acadienne

On estime à un million le nombre des Québécois qui ont une ascendance acadienne. Les LeBlanc n'ont pas été étrangers à cet essaimage. Il ne serait pas facile d'établir la proportion des porteurs de ce patronyme issus d'une telle souche par rapport à ceux dont les ancêtres sont venus directement de France dans la vallée du Saint-Laurent.

On s'étonne de la prolificité des Tremblay: on compte plus de 4 000 abonnés de ce nom dans l'annuaire téléphonique de la région de Montréal. Or, on y trouve un peu plus de 3 000 Leblanc et Le Blanc. Bien malin qui pourrait les répartir selon leur origine, mais les quelque 250 qui écrivent leur patronyme en deux mots, LeBlanc, considèrent sans doute l'Acadie comme la source de leur lignée. Et l'on pourrait en quelque sorte ajouter que les LeBlanc sont les *Tremblay* de l'Acadie: le journaliste Gérald LeBlanc souligne que l'on compte 4 101 abonnés de ce nom dans le seul bottin téléphonique de Moncton et de la région! Comme dans le cas des Tremblay, tous les LeBlanc d'ascendance acadienne descendent d'un seul et même couple.

C'est surtout à la suite du drame de la déportation que des Acadiens se sont établis sur le territoire de l'actuel Québec. Certains y sont venus directement et d'autres après des séjours dans les colonies anglaises, dans les pri-

175

À Belle-Île-en-Mer, la maison de Joseph LeBlanc est la seule qui soit dotée d'un étage. Les autres maisons acadiennes n'ont qu'un rez-de-chaussée coiffé d'un toit à deux versants. Elles portent le millésime 1756, et celle-ci, les initiales J.L.B. plus une croix de Saint-André.

Une douzaine de kilomètres séparent Belle-Île-en-Mer de l'extrémité de la péninsule de Quiberon. De solides passeurs assurent la liaison et c'est peut-être l'Acadie que vous emprunterez.

176

sons de l'Angleterre ou en France, mais certains, beaucoup plus tôt. Ce fut le cas, par exemple, du navigateur Étienne LeBlanc, fils de René et d'Anne Bourgeois, originaire de la paroisse Saint-Charles du bassin des Mines, qui en 1716, à Québec, épousa Anne Maillou, fille de Joseph, dit des Moulins, et de Louise Achon.

Étienne LeBlanc était le frère du notaire René LeBlanc, que Longfellow devait immortaliser dans son célèbre poème *Évangéline*. Ce tabellion, né en 1684, était notaire royal à Grand-Pré, fils de René et d'Anne Bourgeois. Il contracta deux mariages, le premier avec Isabelle (dite aussi Élisabeth) Melançon, et le second, avec Marguerite Thibault. Trois enfants naquirent de la première union et dix-sept de la seconde, ce qui devait lui donner quelque 150 petits-enfants.

Le père du notaire se prénommait également René et avait épousé Anne Bourgeois; il était l'un des fils du pionnier Daniel LeBlanc et de Françoise Gaudet, un couple arrivé à Port-Royal entre 1630 et 1650. L'ancêtre Daniel devait avoir six fils, 35 petits-fils et 112 arrière-petits-enfants. C'est vers 1686 que quatre des fils, Jacques, René, André et Antoine, quittèrent Port-Royal pour le bassin des Mines. En 1686, l'intendant de Meulles fit le recensement de l'Acadie. Daniel LeBlanc met six arpents en valeur et possède 15 bêtes à cornes, 20 moutons et sept cochons. L'intendant rend aussi visite à quatre couples LeBlanc: André/Marie Dugas, Pierre/Marie Tériot, Antoine/Marie et René/Anne Bourgeois. Ce dernier couple avait alors trois fils: Jacques, François et René, le futur notaire.

Le notaire LeBlanc devait être déporté à New York en 1755 avec sa femme et leurs deux plus jeunes enfants. Il était déjà âgé de 71 ans. Il retrouva trois autres de ses enfants à Philadelphie et mourut peu après.

Au moins trois des fils du notaire s'installèrent à Bonaventure: Benjamin, Jean-Baptiste et Joseph. Ils fondèrent des foyers: le premier avec Marie Dugas, le deuxième avec Marguerite Boudreau et le troisième avec Françoise Dugas. En 1777, on trouve leurs noms dans un recensement effectué à Tracadièche (Carleton), de même que ceux de trois autres LeBlanc non mariés.

Évoquons la mémoire d'un autre membre de cette grande famille, dont nous avons retrouvé la trace à Belle-Île-en-Mer, où se sont fixés quelques-uns des Acadiens qui parvinrent à rallier la mère patrie: Joseph LeBlanc dit le Maigre. C'était un prospère éleveur de Grand-Pré. Après la prise de Louisbourg par les Anglais, en juin 1745, la France confia au duc d'Anville une cinquantaine de vaisseaux pour la reprise de la citadelle et la défense de la Nouvelle-France proprement dite. L'expédition fut un échec total: l'apoplexie foudroya le duc sur le gaillard de son vaisseau.

Pour les Acadiens, cette initiative de la France ravivait les plus grands espoirs. Joseph LeBlanc conduisit à Chibouctou 80 bœufs et 150 moutons pour ravitailler l'escadre. Les Anglais ne le lui pardonnèrent pas et sa tête fut mise à prix. On peut voir la maison qu'il construisit au lieu-dit de Kervau, commune du Palais, à Belle-Île. C'est la seule maison *acadienne* de cette grande île qui soit dotée d'un étage. Elle est de chiste crépi, avec linteaux de bois et toit à chevrons débordants. Sa charpente est à trois fermes, dont la centrale est à faux-entrait, poinçons et contre-fiches. Elle porte une inscription demeurée lisible: les initiales J.L.B., une croix de Saint-André et l'année de sa construction, 1766.

Il existe une autre maison LeBlanc à Belle-Île-en-Mer, plus exactement à Kerourdé, sur la commune de Bangor. C'est Charles LeBlanc, né à Grand-Pré en octobre 1718, qui la construisit.

Certains LeBlanc de Belle-Île sont rentrés au pays. Au moment où l'on examinait la possibilité d'installer des Acadiens sur la plus grande des îles bretonnes, un certain

Philippe Robin de l'île Jersey s'employait à recruter clandestinement des Acadiens pour l'établissement de postes de pêche dans la baie des Chaleurs. C'est ainsi que la famille d'Alain LeBlanc, qui s'était fixée à Kerlédan, lieu-dit de la commune de Sauzon, se retrouva à Carleton où, en 1777, Alain et son neveu, Marin, agirent comme parrains.

Nous ne saurions mentionner tous les LeBlanc d'Acadie qui se sont fixés dans la vallée du Saint-Laurent. Citons le cas du couple Jean LeBlanc/Marguerite Hébert qui, en 1767, à Yamachiche, fit baptiser d'un seul coup six enfants probablement nés loin de l'Acadie, en une région dépourvue de prêtre.

On n'en finirait pas d'énumérer même les localités de l'actuel Québec où des Acadiens se sont établis, ni dans quelle mesure. Songeons, par exemple, que dans les seuls registres paroissiaux de Saint-Grégoire de Nicolet, un chercheur a relevé, sur une période de 150 ans, 626 LeBlanc, ce qui ne tenait pas compte des paroissiens qui y figurent comme simples témoins aux actes !

Cinq pionniers Leblanc
arrivés au XVIIᵉ siècle

Le premier Leblanc qui fonda un foyer en Nouvelle-France n'a pas de descendants qui perpétuent son patronyme. Originaire du Calvados, plus exactement de Saint-Lambert (de nos jours, une petite commune de 200 habitants située dans l'arrondissement de Caen), il épousa à Québec, en novembre 1643, Madeleine Nicolet, qui était la fille naturelle du célèbre explorateur Jean Nicolet, le premier Blanc à parcourir le Nord-Ouest américain, et d'une Nipissirinienne.

Madeleine fut mère de cinq enfants et, au moment du mariage, le mari, prénommé Jean, était domestique chez Guillaume Couillard, le gendre de Louis Hébert, et si l'on en croit le *Journal des Jésuites*, il devait s'emporter facilement. Au cours de la nuit du mardi gras au mercredi des cendres, en 1646, il s'attaqua à coups de bâton, après quelques *houspillades*, à un certain Jacques Pairieu, du personnel de l'hôpital, qui reçut ainsi «plusieurs trous à la tête». Leblanc fut condamné au chevalet, une arête aiguë de bois sur laquelle on plaçait les coupables à cheval avec un boulet à chaque pied.

En 1662, Jean Leblanc fut tué par les Iroquois à l'île d'Orléans. Il laissait deux enfants, dont une fille,

Pont-L'Évêque, au Calvados, lieu d'origine du pionnier Jacques Leblanc, est réputée pour ses fromages depuis le XIIIe siècle. Monument imposant, son église Saint-Michel vaut une visite. Bel édifice de style flamboyant flanqué d'une tour carrée.

Madeleine, qui, en 1666, devint l'épouse de Jean Pichet, à qui elle donna six enfants.

Le deuxième Leblanc qui éleva une famille en Nouvelle-France vint de Blessac, un bourg de la Marche, ancienne province dont le territoire est maintenant englobé dans le département de la Creuse, arrondissement d'Aubusson, ville célèbre par ses manufactures de tapisserie. Léonard Leblanc, fils de Léonard et de Jeanne Fayande, était maître maçon. Sans doute avait-il été engagé en cette qualité, car le 23 août 1650, le seigneur Robert Giffard et les frères Jean Juchereau de La Ferté et Nicolas Juchereau de Saint-Denis, grands recruteurs d'ouvriers spécialisés, assistent à son mariage avec Marie Riton, fille de Robert et de Marguerite Gyon.

Léonard Leblanc pratiqua son métier sans retard. Dès 1651, lui et trois compagnons s'engagent auprès du gouverneur Louis d'Ailleboust pour exécuter les travaux de maçonnerie d'une grande maison, probablement sur le domaine de Coulonge, où l'important personnage venait de se retirer avec son épouse. Léonard entreprenait ensuite avec un autre compagnon de s'acquitter de la maçonnerie d'une demeure pour le compte de Jean Gloria, qui venait d'être nommé commissaire général du magasin de la Compagnie de la Nouvelle-France.

Peut-être jugeait-il que son métier ne lui assurait pas un revenu suffisant. Il décida de s'établir sur une concession au bourg du Fargy, qui était le village de la seigneurie de Beauport. Il devait la mettre en valeur jusqu'à la fin de ses jours. Ainsi, en 1667, il y exploite 16 arpents et possède trois têtes de bétail. Le couple a cinq enfants sous son toit. Déjà, deux des filles ont fondé des foyers. L'aînée, Thérèse, a épousé le maître chirurgien Pierre Vallée en 1665; elle devait lui donner dix enfants. Le boucher Michel Lecours venait tout juste de conduire Louise à l'autel (février 1667); tout comme sa sœur, elle devait être mère de dix enfants.

Le seul fils de la famille, Noël, choisit le métier de charpentier de navire. En 1686, il épousa Félicité Picard, fille de Jean et de Marie-Madeleine Gagnon, mais décéda peu après, n'ayant pas eu le plaisir de connaître sa seule fille. Ses quatre autres sœurs se marièrent: Marguerite avec Pierre Bazin (1670), Marie-Élisabeth avec René Cloutier (1672), Jeanne avec Pierre Morel (1675) et Françoise (1678) avec Jean Prévost.

Lors du recensement de 1667, on note la présence, au Cap-de-la-Madeleine, de Nicolas Leblanc dit Labrie et de son épouse, Madeleine Duteau. Le couple n'a pas encore d'enfant, mais il est bien établi: il cultive déjà 17 arpents. Nicolas était originaire de Chennevières-sur-Marne (une quinzaine de kilomètres à l'est de Paris). Quatre fils et trois filles naîtront de cette union. Au moins deux fils fondèrent

Pont-L'Évêque a été fort éprouvée lors des combats de 1644, mais la ville a conservé quelques vieilles demeures, notamment dans les rues Saint-Michel et de Vaucelles.

des foyers: Nicolas en 1698 avec Geneviève Petit et René en 1704 avec Jeanne Bourbeau; ils seront à leur tour pères d'une dizaine d'enfants, dont cinq fils.

Les sulpiciens, seigneurs de l'île de Montréal, avaient près d'une trentaine de domestiques à leur service en 1666. Parmi eux, se trouvait Jacques Leblanc, fils d'Antoine et de Madeleine Boucher, de la paroisse Saint-Pierre de Pont-L'Évêque, au Calvados (Normandie). En cette même année, 1666, il épousait Suzanne Rousselin, fille de Philibert et d'Hélène Martin. Leur premier enfant, un fils, Julien, vit le jour à Montréal. En 1690, celui-ci joignit sa destinée à celle d'Anne Vanier, fille de Guillaume et de Madeleine Bailly. Ce couple fut prolifique: 14 enfants donc cinq fils.

Jacques et Suzanne s'établirent à Charlesbourg peu après la naissance de Julien. Là virent le jour sept de leurs huit autres enfants dont cinq fils. Un seul de ceux-ci, semble-t-il, Charles, fonda un foyer: en 1709, il épousait Suzanne Bon, fille de Pierre et de Michelle Duval, qui lui donna une dizaine d'enfants. Vers 1719, la famille se fixa à Saint-Laurent (île de Montréal).

Mentionnons pour terminer Antoine Leblanc dit Jolicœur, originaire de Picardie. Ses parents, Martin Leblanc et Marie Flaniau, étaient de Noyon, une ville de l'arrondissement de Compiègne qui compte aujourd'hui environ 15 000 habitants. Depuis Paris, la N 2 et la N 17 conduisent à Senlis (40 km) dont l'enceinte gallo-romaine et la cathédrale retiennent l'attention; puis, la D 932A poursuit, direction nord-est, jusqu'à Compiègne (30 km) où furent signées les armistices de 1918 et de 1940. Enfin, depuis Compiègne, la N 32 débouche sur Noyon (24 km), qui compte une autre cathédrale de style gothique, de même que la maison natale, convertie en musée, du célèbre réformateur Jean Calvin.

C'est dans l'île d'Orléans que Leblanc dit Jolicœur se fixa avec son épouse, Élisabeth Roy, fille d'Antoine et de Simone Gaultier, originaire de Senlis, et veuve de Pierre Paillereau, à qui elle avait donné deux filles. Mariés en 1670, Antoine et Élisabeth eurent quatre enfants, dont deux fils. L'un d'eux, Joseph, conduisit à l'autel, vers 1697, à Saint-Jean, île d'Orléans, Marie Flibot, fille de Charles et de Marguerite Rousselot. Le couple eut neuf enfants, tous nés à Saint-Jean.

Antoine ne devait pas rouler sur l'or, car, en 1681, il n'ensemençait que quatre arpents. Il décéda prématurément en 1687: il n'avait que 38 ans.

Tous nos Méthot
sont de pure souche normande

Parcourir la Normandie réserve souvent des surprises aux touristes québécois. Ainsi, sait-on que les cloches de Corneville existent vraiment au bord d'une bien petite rivière, la Risle, qui se jette dans la Seine, à l'ouest de Rouen? Elles carillonnent sous les combles d'un hôtel, à Corneville-sur-Risle, et l'une d'entre elles, la *Canadienne*, dont l'airain resplendit toujours, comporte les noms des membres d'un comité de Québécoises qui, au début du siècle, recueillirent les souscriptions nécessaires à sa fonte afin de rendre hommage à Robert Planquette, compositeur à qui l'on devait *Les Cloches de Corneville*.

Nous sommes loin de la famille Méthot, penserez-vous? Non, tout près, car c'est à six kilomètres d'ici que vit le jour l'ancêtre Abraham Méthot. Depuis la boucle que décrit la Seine au sud de Rouen, la N 175 conduit à Corneville-sur-Risle en une vingtaine de kilomètres, puis franchit la Risle, six kilomètres plus loin, pour passer par Saint-Germain-Village, commune située en face de Pont-Audemer, chef-lieu d'une circonscription qui regroupe près de 14 000 habitants et comprend Saint-Germain-Village.

Jusqu'à tout récemment, on croyait qu'Abraham Méthot était né à Pont-Audemer, car son contrat de mariage le disait «de Saint-Germain du Pont-Audemer». Or,

L'église de Pont-Audemer a miraculeusement survécu aux combats de la guerre de Cent Ans et aux bombardements que lui infligea l'aviation allemande en 1940. Elle a conservé un bel ensemble de vitraux Renaissance.

M. Hubert Charbonneau, dont on connaît le précieux apport au Programme de recherche en démographie historique de l'Université de Montréal, a précisé que la paroisse Saint-Germain n'était pas de Pont-Audemer, mais bien du bourg qui est devenu la commune actuelle de Saint-Germain-Village.

Une trentaine d'années plus tôt, le réputé généalogiste Archange Godbout avait écrit: «Nous tenons à remarquer que nous n'avons pas trouvé de famille Méthot dans les registres paroissiaux de Pont-Audemer.» Or, en 1981, le maire de Pont-Audemer est parvenu à réunir plusieurs Méthot de la région à l'occasion de l'accueil d'un couple québécois.

Abraham Méthot et ses fils devaient contribuer à la consolidation de bourgs tant dans la région de Québec que dans celle de Lévis. Peut-être est-ce à son instigation que l'un de ses cousins, Pierre Lambert, originaire de Formetot, s'établit dans la seigneurie de Villieu, qui allait donner naissance à Saint-Antoine-de-Tilly.

Le 16 juillet 1673, Abraham passait un contrat de mariage par-devant le notaire Gilles Rageot avec Marie-Madeleine Mezeray, fille de René et de Nicole Gareman. Le couple reçut la bénédiction nuptiale le même jour. Marie-Madeleine donna tout d'abord naissance à deux filles, l'une baptisée à Sillery et l'autre, à Québec. La première, Marie-Françoise, allait devenir, en 1698, l'épouse de Jean Bourassa et lui donner sept enfants. La deuxième, née dans la seigneurie de Lauzon, ne connut que son quatorzième anniversaire.

Lors du recensement de 1681, Abraham cultive cinq arpents dans la seigneurie de Lauzon, et un fils, Jacques, s'est ajouté à la famille. Le ménage semble relativement à l'aise, car il possède six bêtes à cornes. La chaumière comporte deux fusils: on sait à quel point la chasse représentait un apport important à l'alimentation.

Sept autres enfants verront le jour entre 1682 et 1705. René choisira pour compagne de vie, en 1706, Marie-Françoise Lambert, fille de Pierre, mentionné plus haut, et de Marie Normand, et sera le père de dix enfants, dont trois fils. Abraham recevra au baptême le prénom de son père; en 1713, il unira sa destinée à celle de Marie-Thérèse Masse, fille de Pierre et de Jacqueline Pain et veuve de Joseph Gingras; douze enfants naîtront de cette union, dont six fils.

Deux filles s'ajoutent ensuite à la famille, Marie-Anne et Agnès-Charlotte. La première deviendra en 1712 l'épouse de Jean Hamel, et la deuxième, la compagne de vie de Noël Tousignant, deux ans plus tard.

Arriveront ensuite (1699) des jumeaux: Joseph et Charles. En 1721, Joseph unira sa destinée à celle d'Hélène Normand, fille de Joseph et de Marie Choret; ils porteront une douzaine d'enfants au baptême. Quant à Charles, c'est en 1720 qu'il avait fondé un foyer avec Marie-Geneviève Hédouin, fille de Pierre et de Marie-Agnès Pilote; une quinzaine d'enfants devaient naître de cette union. Le dernier des fils, Gabriel, vit le jour en 1705, mais il ne semble pas s'être marié.

Des fils du pionnier Abraham, c'est l'aîné, René, qui semble avoir succédé au père sur la terre familiale, car tous ses enfants naquirent et furent baptisés à Saint-Nicolas, paroisse de la côte de Lauzon. Le fils Abraham élèvera toute sa famille à Sainte-Foy, près de Québec; c'est lui que rencontrera, en 1721, le procureur général Collet chargé de recueillir les doléances des citoyens à l'égard de leur paroisse. Les jumeaux Charles et Joseph ne s'éloigneront pas de Québec.

Cependant, les fils de Joseph contribuèrent généreusement à l'essor de la région du Cap-Saint-Ignace et de L'Islet, et trois d'entre eux reçurent le prénom du père. L'un épousa en 1743 Marie-Josèphe Picoron dite Descôteaux,

Toute la région qui sert d'écrin à Pont-Audemer s'émaille de maisons bien typiques du milieu: murs à colombage et toits de chaume. En voici une surprise dans son décor idyllique, non loin de la plaine d'alluvions dite «marais Vernier».

un deuxième, en 1749, Marie-Barbe Guimont (on sait qu'il existe un rang des Guimont au Cap-Saint-Ignace), et un troisième, en 1761, Marie-Modeste Bélanger. Deux autres fils, Charles-Barthélemi et Jean-Marie, s'allièrent à Marie-Geneviève Bossé et à Marie-Angélique Poliquin, en 1752 et 1764 respectivement.

Pont-Audemer retiendra sûrement l'attention de nos Méthot qui visiteront la région sur les traces de l'ancêtre Abraham. D'intéressantes maisons en bordent les rues, de même que les bras de la Risle. Son église Saint-Ouen mérite mieux qu'un simple coup d'œil. Son chœur date du XIe siècle, et sa façade, du XVe. Elle possède un bel ensemble de vitraux Renaissance, ce qui étonne, car la ville fut l'objet de violents combats lors de la guerre de Cent Ans, et en juin 1940, l'aviation allemande la bombarda sans répit.

Si le généalogiste Archange Godbout a écrit qu'il n'a pas trouvé de Méthot dans les registres paroissiaux de

Pont-Audemer, le maire de la commune, secondé par le bibliothécaire municipal, l'éminent écrivain Roger Dubos, parvint à en retrouver un certain nombre dans le canton, le 13 juillet 1981, pour accueillir un couple du Cap-Saint-Ignace, M. et Mme Révelin. Mme Révelin, née Méthot (Louise), faisait alors partie du conseil municipal du Cap-Saint-Ignace. Et l'on échangea plusieurs toasts. L'auteur de ces lignes peut s'en porter garant, car il ne manqua pas de leur faire honneur!

Noël Morin épousa la première
Française née à Québec

Qui ne compte pas un ou deux Morin au nombre de ses parents, de ses amis ou de ses connaissances ? Au moins huit ancêtres de ce nom ont fondé des familles en Nouvelle-France et la moitié d'entre eux ont élevé des familles de dix enfants ou plus, et le premier qui franchit l'Atlantique, Noël, épousa la première Française née dans la colonie, Hélène Desportes.

Noël Morin a vu le jour à Brie-Comte-Robert, qui est de nos jours une commune de plus de 5 000 habitants située à une trentaine de km au sud-est de Paris, sur la N 19 qui conduit vers la Champagne. Cependant, c'est à Mortagne, dans le Perche, que le seigneur Robert Giffard le recruta.

En décembre 1639, par-devant Martial Piraube, secrétaire du gouverneur Huault de Montmagny et commis au greffe et tabellionnage de Québec, il signe un contrat de mariage avec Hélène Desportes, fille de Pierre et de Françoise Langlois. Elle était née en 1620 et, à l'âge de 13 ans, avait épousé Guillaume Hébert, le fils du premier colon. Devenue veuve en septembre 1639, elle choisit, trois mois plus tard, de devenir la compagne de Noël Morin. Le couple reçut la bénédiction nuptiale le 9 janvier 1640.

Noël était propriétaire d'une maison à Brie-Comte-Robert. En effet, par son contrat de mariage, il donnait à

191

L'église Saint-Étienne, à Brie-Comte-Robert, paroisse natale de Noël Morin. Elle date du XIIIe siècle et a été remaniée à deux reprises, aux XVe et XVIIe siècles. Des vitraux du XIIIe ornent son chevet.

son épouse, pour «bonne amitié», la somme de 200 livres à percevoir sur une maison «située à Brie-Comte-Robert, où pend pour enseigne le Cheval bleu», qu'il avait eue de la succession de sa mère. Hélène, pour sa part, apporte dans sa corbeille la jouissance d'une maison, d'un jardin et de deux arpents de terre.

En 1645, Noël Morin reçoit une terre de 40 arpents au coteau Sainte-Geneviève. Il s'y construira une maison et une boutique, car il exerce le métier de charron; c'est chez lui que Zacharie Jolliet, le frère de Louis, sera placé en apprentissage.

Le couple Morin/Desportes eut 12 enfants. Le deuxième, Germain, se fit prêtre, le premier né en Nouvelle-France. Deux autres fondèrent des foyers. Jean-Baptiste, sieur de Rochebelle, songea tout d'abord à épouser Marie-Anne Firman, la fille d'un avocat du Grand Conseil au Parlement de Paris, mais elle repassa l'Atlantique. En 1667, il s'allia plutôt à une Picarde, Catherine de Belleau, fille de François, sieur de Contigny, et d'Anne de Bréda. Le couple eut deux filles, dont l'une, Marie-Anne, devint en 1691 l'épouse de Jacques Pinguet. L'autre fils, Alphonse, qui était dit Valcour, contracta deux unions, la première en 1670 avec Marie-Madeleine Normand, fille de Jean-Baptiste et de Catherine Pajot (11 enfants dont 2 fils), et la seconde avec Angélique Destroismaisons, fille de Philippe et de Martine Crosnier (2 filles et 2 fils).

La mieux connue des filles du couple Morin/Desportes fut sans doute Marie, qui prit le voile à l'Hôtel-Dieu de Montréal et fut supérieure de sa communauté pendant deux termes de trois ans. C'est elle qui rédigea les *Annales de l'Hôtel-Dieu de Montréal*, qui demeurent une précieuse source de documentation et qui lui valent le titre de première écrivaine née en Nouvelle-France. Deux de ses sœurs fondèrent des foyers: Louise, en 1659, avec Charles

L'église de Saint-Germain-du-Val, où Jacques Morin a été baptisé. Cette commune a été annexée au territoire de La Flèche. Jacques Morin s'est établi à Montréal.

Cloutier, et Marie-Madeleine, en 1673, avec le notaire royal Gilles Rageot.

En 1663, Noël Morin devint propriétaire d'une partie de la seigneurie de la Rivière-du-Sud, mais quatre ans plus tard, il est toujours sur sa terre de la côte Sainte-Geneviève, où il met 40 arpents en valeur et possède 12 têtes de bétail. Zacharie Jolliet est alors son apprenti. À partir de 1672, il morcelle son domaine de la Rivière-du-Sud au profit des fils Charles et Alphonse et autres parents. Il décéda à Saint-Thomas de Montmagny en 1680. Sa femme l'avait précédé dans la tombe.

En septembre 1661, à Montréal, Jacques Morin, un Angevin, conduisait à l'autel Louise Garnier, fille de Charles et de Jeanne Broye et veuve de Jean Pichard. Celui-ci était arrivé à Ville-Marie en 1653, en même temps que la centaine de défricheurs et d'artisans recrutés en hâte pour sauver l'établissement, mais les Iroquois l'avaient tué à la pointe Saint-Charles. Cinq semaines plus tard, le sulpicien Gabriel Souart présidait au remariage. Jacques était originaire de Saint-Germain-du-Val (La Flèche, Sarthe).

Le couple eut deux fils et trois filles. Nous ne croyons pas que les fils eurent des descendants. Les trois filles, cependant, fondèrent des foyers: Marie, en 1679, avec Jacques Viger; Agathe, en 1684, avec Jean Dumans, et Marie-Catherine, en 1688, avec Michel Foureau.

L'un des ancêtres les plus prolifiques fut un Breton, Pierre Morin, originaire du bourg de Plaine-Haute, aujourd'hui commune de l'arrondissement de Saint-Brieuc. Il franchit l'Atlantique en 1687 avec le grade de sergent d'une compagnie des troupes de la Marine. Fils de Pierre Morin et de Marguerite Laurent, il s'établit dans la seigneurie de Beauport. Il y épousa, en 1694, Marie-Madeleine de l'Espinay, fille de Jean et de Catherine Granger.

Le couple eut 17 enfants dont neuf fils, et au moins six d'entre eux se marièrent; chose étonnante, deux reçurent le prénom de Pierre et deux autres, celui de Jean-Baptiste. Tout d'abord, Mathieu, en 1717, avec Marie-Madeleine Prévost, fille de Jean et de Françoise Cadieux, puis Pierre, en 1720, avec Marie-Françoise Garneau, fille de Louis et de Marie-Anne Huot. En 1722, le premier des deux Jean-Baptiste conduisit à l'autel Jeanne Bon-Bonhomme, fille de Nicolas et de Marie-Thérèse Levasseur, et le second, l'année suivante, Marie-Thérèse Piton, fille de Simon et de Marie Barsa. Puis, en 1724, le second Pierre choisit pour compagne de vie Marie-Josèphe Daunay, fille de Pierre et de Marguerite Robert. Enfin, en 1727, Louis épousait Marie-Anne Lescarbeau, fille de Jean et d'Anne Beaudoin et veuve de Pierre Perrault.

Nous ne saurions clore ce premier volet sans mentionner Pierre Morin dit Boucher, un pionnier de l'Acadie, qui fut laboureur à Port-Royal, puis quitta Beaubassin pour Ristigouche en 1688. Il avait épousé une Acadienne, Marie Martin, qui lui donna une bonne douzaine d'enfants dont plusieurs essaimèrent vers le Cap-des-Rosiers, Québec, la seigneurie de la Rivière-du-Sud (Montmagny) et autres lieux.

Notre second volet sera consacré à quatre ancêtres Morin venus du Poitou.

Chez les Morin,
quatre ancêtres venus du Poitou

Du sang poitevin coule dans les veines de nombre de nos Morin. En effet, quatre ancêtres portant ce patronyme ont fondé des familles en Nouvelle-France au cours du XVIIe siècle. Ils ont été pères de plus d'une trentaine d'enfants dont près de vingt fils, et la moitié de ceux-ci se sont mariés à leur tour.

Nous avons mentionné, dans notre premier volet consacré aux Morin, un pionnier venu de l'Acadie, Pierre Morin dit Boucher. On le croyait d'origine normande. Or, dans son *Dictionnaire généalogique des familles du Québec*, René Jetté précise qu'il était plutôt de Coulonges-les-Royaux. C'est aujourd'hui Coulonges-sur-l'Autize, commune située à 22 km au nord de Niort, dans les Deux-Sèvres, sur la D 744. Pierre était sellier.

C'est à Beaubassin que naquirent plusieurs des enfants nés du mariage de Pierre avec Marie Martin, fille de Pierre et de Marie Vignault. La colonie de Beaubassin avait été fondée en 1672 et lors du *grand dérangement*, plusieurs de ses familles trouvèrent refuge sur les bords de la baie des Chaleurs et beaucoup de nos Québécois d'aujourd'hui en sont issus.

L'aîné des fils du couple Morin/Martin, prénommé Pierre, qui avait épousé Françoise Chiasson, fille de Guyon et de Jeanne Bernard, à Beaubassin, habita Québec, puis se fixa à Montmagny. Il fut père de onze enfants. Jacques s'est marié à Québec en 1699 avec Marie-Anne Lavergne, fille de Louis et de Marie-Anne Simon, mais il décéda dès 1704, laissant deux fils. En 1719, à Québec, Charles conduisait à l'autel Anne-Thérèse Minet, fille de Jean et d'Anne Bonhomme (sans postérité). En 1715, à Québec également, Jean, qui était dit Ducharme, avait choisi pour compagne Marie-Élisabeth Hubert, fille de François et de Geneviève Fauque; il décéda en janvier 1717 et deux fils issus de son union moururent peu après leur naissance. Le généalogiste Jetté mentionne un autre fils, prénommé Jacques comme l'aîné et qui était dit Beauséjour, qui épousa en 1704 Marie-Charlotte Jeanne, fille de Robert et de Françoise Savard et veuve d'Étienne Rocheron, qui lui donna six enfants.

Du Poitou nous vint ensuite un meunier, Charles Morin, fils de Pierre et de Catherine Poinelle. Il était originaire de La Forêt-sur-Sèvre (15 km au sud-ouest de Bressuire, sur la D 938ter). Ce fut le moins prolifique des quatre Poitevins. Il épousa une fille du roi venue de Rouen, Marie Michel, en 1667. Le couple s'installa dans la seigneurie de Maure et eut trois enfants. Seule Françoise atteignit l'âge adulte. Elle épousa Jean Porreau en 1686. Les époux Morin décédèrent tous deux en 1704 à l'Hôtel-Dieu de Québec.

C'est de l'évêché de Luçon que nous vint André Morin, fils de Jacques et de Michelle Dion, qui fonda un foyer à Québec en 1670. Il était de Bazoges-en-Paillers, qui se trouve de nos jours dans l'arrondissement de La Roche-sur-Yon, à une trentaine de kilomètres au nord-est de cette importante ville de Vendée, au point de rencontre des D 938 et 744.

André jeta tout d'abord son dévolu sur une fille du roi, Jeanne Raimbault, originaire de Poitiers. Il signa même un contrat de mariage avec elle par-devant le notaire Duquet.

Pierre Morin dit Boucher exerçait un métier fort ancien, celui de sellier. On devine l'importance que représentait la fabrication des harnais dans une colonie dont l'agriculture constituait la principale occupation. Cette gravure datant du XVIe siècle nous montre un sellier au travail.

C'était en 1669. L'année suivante, le tabellion Romain Becquet rédigeait un contrat auquel, cette fois, André donna suite. C'était avec Marguerite Moreau, une autre fille du roi, mais de Rouen, celle-là. Le couple reçut la bénédiction nuptiale de M. Henri de Bernières, alors supérieur du Séminaire de Québec. Si l'on se base sur le recensement de 1667 et sur les registres des malades de l'Hôtel-Dieu de Québec, André avait alors 45 ans et Marguerite, 50 ans, ce qui est étonnant puisque le couple devait compter 10 enfants ! Yves Landry, dans *Les Filles du roi au XVIIe siècle*, dit que Marguerite était née vers 1650; elle aurait été alors au début de la vingtaine.

C'est à Charlesbourg qu'André et Marguerite devaient s'établir. En 1681, au village Saint-Joseph, ils cultivent 15 arpents et possèdent trois bêtes à cornes. Trois de leurs enfants furent des fils et deux se marièrent à leur tour: Siméon, en 1696, avec Françoise Meunier, fille de Julien et de Louise Fro (3 enfants), puis en 1763, avec Marie Bergevin, fille de Jean et de Marie Piton (9 enfants), et Jean, en 1712,

Le nouvel écu des Morin. Deux des cantons comportent des épis à 16 grains symbolisant les huit ancêtres et leurs conjointes. Les deux autres rappellent, au moyen de fleurs de lys, nos origines françaises.

avec Marie-Angélique Lereau, fille de Pierre et de Marguerite Badeau (6 enfants dont 5 fils). Les filles du couple Morin/Moreau s'unirent à de jeunes hommes appelés Dumont, Biron, Chartré, Vandet et Prudhomme.

Évoquons pour terminer la mémoire d'un quatrième Poitevin, Pierre, fils de Jacques et d'Hilaire Guéry. Il était originaire de l'évêché de Lusson, plus exactement de Saint-Étienne-de-Brillouet; c'est de nos jours une petite commune du département de Vendée, située sur la N 148, à 13 km au nord-ouest de Fontenay-le-Comte.

Le 13 juin 1672, à Québec, Pierre conduisait à l'autel Catherine Lemesle, une Rouennaise, fille de Jean et de Marguerite Renard. Elle fut mère de huit enfants dont quatre fils. Deux de ceux-ci se marièrent à leur tour. En 1704, Joseph épousa Marie-Anne Brideau, fille de Jean et de Marie Crête, qui lui donna onze enfants nés pour la plupart à L'Ancienne-Lorette, puis, en février 1704, Dorothée Girardin, fille de Jean et de Dorothée Rancin, déjà veuve de deux maris, qui fut mère de quatre autres enfants. Pierre-Jean choisit pour compagne, en 1721, Marie-Louise Bezeau, fille de Pierre et Marie-Charlotte Routhier, qui lui donna huit enfants.

Lors du recensement de 1681, on trouve le couple Morin/Lemesle installé à la Petite-Auvergne (Charlesbourg) sur une terre dont 12 arpents sont en valeur. Il possède cinq bêtes à cornes. Trois des filles fondèrent des familles: Marie-Anne, en 1691, avec Guillaume Deguire, Louise, en 1699, avec Jacques Payan et Jeanne, en 1711, avec Jean Legris.

On sait qu'il est coutumier, pour les associations de familles, de se donner des armoiries conçues dans l'observance stricte de l'héraldique et dont les éléments sont évocateurs de leur passé. En 1988, Ottawa a créé l'Autorité héraldique du Canada chargée de la concession officielle d'armoiries. L'Association des Morin d'Amérique fut la première, au sein de la Fédération des familles-souches, à faire reconnaître son blason après lui avoir apporté des modifications essentielles. Deux des cantons de l'écu s'ornent d'épis à 16 grains symbolisant les huit ancêtres Morin et leurs conjointes.

Nos Morisset de vieille souche sont d'origine charentaise

Le visiteur qui parcourt le département de Charente-Maritime fait bien de passer par Surgères, car cette commune a conservé plusieurs monuments anciens. Son église Notre-Dame date du XIIᵉ siècle et sa façade est typique de l'art roman poitevin et saintongeais. De l'ancien château des comtes de Surgères ne subsiste qu'un mur d'enceinte, mais il s'étend sur 600 mètres et plusieurs tours le ponctuent. On y admire une poterne d'entrée avec son pont-levis et une remarquable porte Renaissance.

De Niort, la N 11 conduit à Mauzé-le-Mignon (24 km) où débute la D 911. Surgères n'est qu'à 11 km de cette commune. Si l'on poursuit sur la même route, on atteint Rochefort (23 km). Et si vous portez le patronyme de Morisset ou de Morissette, il y a de fortes chances que vous vous trouviez au lieu d'origine de votre ancêtre, Jean, qui épelait son nom Moricet. C'était l'une de plusieurs variantes de Maurice, d'origine latine (Mauritius), qui se rencontrent en France septentrionale: Morisse, Mauricet, Maurisset, Mauriceau, Maurisson, etc. Notons qu'un certain Morisseau, prénommé Vincent et originaire de l'archevêché de Bordeaux, a aussi fondé un foyer en Nouvelle-France.

À Surgères, cette belle porte Renaissance et la tour Hélène donnent accès à un parc élégant où il fait bon se promener.

Quatre Morisset sont venus dans la colonie au XVIIᵉ siècle, dont un maître charpentier et un marchand qui se prénommaient Mathurin; le premier ne semble pas avoir fondé de foyer et le second avait laissé une épouse en France. Ce sont les deux autres qui devaient assurer la pérennité du patronyme: Jean, que nous avons mentionné plus haut, et un troisième Mathurin. C'est sûrement Jean qui, de nos jours, compte le plus de descendants. C'est en tout cas ce que l'on peut conclure des recherches dont s'est acquitté M. Roger Morissette, membre de la Société de généalogie de la Mauricie et des Bois-Francs.

Fils de Paul et de Mathurine Guillois, de Surgères, c'est au Château-Richer qu'il fut confirmé par Mgr de Laval, le 11 avril 1662. On peut présumer que comme beaucoup de nos fondateurs de famille, il s'était engagé pour une période de trois ans. En 1666, il se porte acquéreur d'une terre déjà dotée d'une maison et d'une grange, celle de Pierre Loignon, dans l'île d'Orléans.

Lors du recensement de 1667, il n'est pas encore marié, mais cultive huit arpents. En novembre de la même année, par-devant le notaire Paul Vachon, il signe un contrat avec Jeanne Choret, fille de Mathieu et de Sébastienne Veillon, mais le couple attendra plus d'un an avant de recevoir la bénédiction nuptiale. C'est le 14 janvier 1669 que l'union sera célébrée, à Beauport. Jean a payé sa terre 400 livres tournois. Elle était située, nous dit M. Roger Morissette, sur les lots actuels 38 et 39 de Sainte-Famille, à près de cinq kilomètres à l'est de l'église de cette paroisse.

Le couple Morisset/Choret eut 14 enfants, tous nés à Sainte-Famille. Huit atteignirent l'âge adulte et se marièrent, dont trois fils. En 1678, Pierre épouse Catherine Létourneau, fille de David et de Françoise Chapelain. C'est à la pointe aux Bouleaux que naîtront leurs 12 enfants, dans la seigneurie de Notre-Dame-de-Bonsecours, qu'un oncle, Robert Choret, devait acquérir en 1701. Tous les enfants furent baptisés dans l'église de Sainte-Croix, paroisse située à une cinquantaine de kilomètres en amont de Lévis,

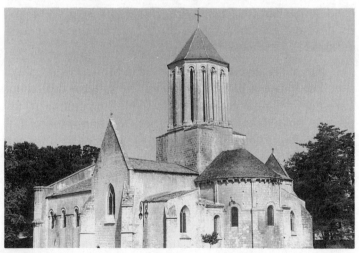

Abside de l'église de Surgères. C'est un monument qui date du XIIe siècle.

205

sur la rive droite du Saint-Laurent. Cinq des fils du couple Morisset/Létourneau fondèrent à leur tour des foyers; l'un n'eut pas de progéniture, mais les quatre autres furent pères de 42 enfants, la plupart baptisés à Sainte-Croix.

Le deuxième fils qui éleva une famille, Gentien, unit sa destinée, en 1710, à celle de Geneviève Simon, fille de Guillaume et de Catherine Drouin, et s'établit sur la terre paternelle, à Sainte-Famille. Le couple Morisset/Simon eut dix enfants, mais cinq décédèrent en bas âge; deux fils, Michel et Jean-Baptiste, s'établirent dans la Beauce et y eurent de la progéniture.

Enfin, un troisième fils, Nicolas, devait contribuer à la pérennité du patronyme. Une première épouse, Anne Cadrin, fille de Nicolas et de Françoise Delaunay, qu'il avait conduite à l'autel en 1709, décéda après la naissance d'une fille. Il contracta une seconde union au Château-Richer, en 1714, avec Anne Cloutier, fille de Jean et de Louise Bélanger, qui devait être mère de 12 enfants baptisés à Beaumont et à Saint-Vallier, en aval de Lévis. Nicolas s'était fixé sur une terre de la seigneurie de La Durantaye et trois de ses fils fondèrent à leur tour des foyers, l'un d'eux à trois reprises; ils devaient lui donner plus d'une quarantaine de petits-enfants.

Revenons au couple-souche. Jean Morisset s'employa avec constance à la mise en valeur de sa terre de Sainte-Famille. Lors du recensement de 1681, il en cultive 20 arpents et possède cinq bêtes à cornes. Neuf ans plus tard, il en achetait une deuxième. En 1694, il participe à un voyage dans le golfe du Saint-Laurent afin d'y pêcher la morue avec quelques compagnons. Les pionniers devaient souvent recourir à ce moyen pour parvenir à tirer leur épingle du jeu. Plusieurs s'adonnèrent notamment à la pêche de l'anguille. Sans doute usé par un labeur incessant, il décéda en 1699, alors qu'il allait atteindre l'âge de 58 ans. Sa veuve lui survécut près d'une vingtaine d'années.

Nous avons mentionné un autre Morisset, prénommé Mathurin, qui s'établit en Nouvelle-France, au XVIIᵉ siècle. Il était originaire de Thouarsais-Bouildroux. C'est de nos jours une petite commune du département de Vendée, arrondissement de Fontenay-le-Comte.

En 1690, à la Pointe-aux-Trembles de Neuville, il épousait Élisabeth Coquin, fille de Pierre et de Catherine Beaudin. Celui-ci, qui était dit La Tournelle, était arrivé à Québec en 1665 dans les rangs du régiment de Carignan. Le couple Morisset/Coquin compte de nos jours beaucoup de descendants, mais grâce à six filles qui se marièrent. Il eut deux fils: Mathurin, qui, en 1716, épousa Marie-Anne Tellier, fille de François et d'Anne Pagé, et Pierre, qui, en 1729, conduisit à l'autel Geneviève Gaudin, fille de Jean-François et de Geneviève Lefrançois. Selon le généalogiste Tanguay, le premier couple eut un fils et huit filles, et le second, six fils et sept filles; un seul des petits-fils du couple Morisset/Coquin se serait marié. Par ailleurs, les six filles mentionnées plus haut fondèrent des foyers comme suit: Marie-Catherine (1713) avec Pierre Pagé, Geneviève et Marie-Madeleine (1717) avec les frères Jean-François et Jean Marcot, Marie-Charlotte (1723) avec Étienne Doré, Élisabeth (1724) avec André Leparc et Marie (1725) avec Joseph Pagé.

Les premiers ancêtres des Normand
sont venus du Perche

Du Perche? Pourtant, compte tenu du patronyme, les pionniers ont dû nous venir de Normandie! Distinction délicate: de nos jours, l'ancien comté du Perche est inclus dans la grande région touristique de Normandie, mais attention, les Percherons de vieille souche vous diront que le Perche, ce n'est pas la Normandie. On ne saurait les en blâmer puisque le Perche constitua longtemps une entité. Au Moyen Âge, on parlait déjà du «pays du Perche» (*pagus perticus*). Lors de la Constituante (1790), on le démantela et ses morceaux furent répartis en quatre départements. Le Perche a gardé un souvenir fort vivace de son originalité.

Les deux premiers Normand ou Lenormand qui passèrent en Nouvelle-France étaient frères, les fils de François et de Jeanne Boisselle. Ils étaient d'Igé, au Perche. Depuis Mortagne-au-Perche, la D 938, qui descend franc sud, atteint Bellême en 17 km, puis la commune d'Igé, à sept km au-delà. Au XIIᵉ siècle, *Ygelium* existait déjà. Le clocher de son église, placée sous le vocable de Saint-Martin, date de cette époque. Il est d'architecture romane et constitue un clocher-porche.

L'aîné des deux frères, prénommé Gervais, franchit l'Atlantique avec son épouse, Léonarde Joinault, et un fils,

Jean, qui, en 1656, épousa à Québec Anne Lelaboureur, originaire de Caen. Le couple eut une douzaine d'enfants, dont six fils. Au moins trois d'entre eux devaient fonder des foyers à leur tour : Jean en 1686 avec Anne Chalifou, fille de Paul et de Jacquette Archambault, Charles, cinq ans plus tard, avec Marie-Madeleine Dionne, fille d'Antoine et de Catherine Ivory, puis en 1703, avec Françoise-Monique Jean, fille de Denis et de Marie Pelletier, et Joseph, en 1691, avec Marie-Madeleine Trefflé, fille de François et de Catherine Mathieu, puis deux ans plus tard, avec Marie Choret, fille de Robert et de Marie-Madeleine Paradis.

Décédé dès 1691, Jean n'eut que trois enfants dont un fils, également prénommé Jean qui, en 1708, unit sa destinée à celle de Marie-Jeanne Choret, fille de Robert et de Marguerite Lerouge. Ses deux frères, Charles et Joseph, furent plus prolifiques. Ses deux mariages donnèrent à Charles plus d'une douzaine d'enfants, dont cinq fils. Joseph, pour sa part, n'eut qu'un fils de son premier mariage (décédé avant son premier anniversaire), mais il fut père de onze enfants issus de sa deuxième union, dont cinq fils. Les deux douzaines d'enfants de Charles et de Joseph virent le jour à Québec.

Hélas ! le frère de Gervais, prénommé Jean et venu comme lui d'Igé, n'a pas de descendants pour évoquer son souvenir. Il contracta deux unions à Québec, la première en 1650 avec Jacquette Vivran, originaire du Poitou, et la seconde en 1661 avec Romaine Boudet, une Normande. Il n'en résulta aucune postérité.

Un troisième Normand, dit La Brière, celui-là, émigra aussi en Nouvelle-France au cours du XVIIᵉ siècle, et il venait lui aussi du Perche, plus exactement de Saint-Martin-du-Vieux-Bellême. Fils de Pierre et de Marie Guillemain, prénommé Pierre comme son père, il était le neveu de Gervais et de Jean, mentionnés plus haut.

D'origine romane, l'église de Saint-Martin-du-Vieux-Bellême, paroisse de Pierre Normand dit La Brière, a été amputée d'une partie, au fil des siècles. Sa tour est un puissant massif carré avec toiture d'ardoises.

Nous avons déjà souligné que, depuis Mortagne-au-Perche, la D 938 atteignait Bellême en 17 km; juste avant d'y arriver, elle frôle Saint-Martin, dont l'église, bien que remaniée, est aussi fort ancienne. Sa tour, romane à la base, est un puissant massif carré avec toiture d'ardoises.

En 1665, à Québec, Pierre épousa une homonyme, Catherine Normand, originaire de Sens, en Bourgogne. Le couple eut une nombreuse famille: sept fils et quatre filles. Trois des fils décédèrent soit en bas âge, soit avant leur majorité. Les généalogistes, semble-t-il, ignorent ce qu'il advint de trois autres. Ils ne citent que le mariage d'un seul, Louis, né en 1680, qui épousa, en 1701, Anne Bruneau, fille de Vincent et de Marie Cordier et originaire de Meaucé, près de Nogent-le-Rotrou. Six enfants naquirent de cette union.

On est mieux fixé quant au sort de trois des quatre filles. L'aînée, Étiennette, ne semble pas s'être mariée, ce qui ne l'empêcha pas de donner naissance à deux filles. Le généalogiste René Jetté précise que la première eut pour père un membre de la réputée famille Juchereau de La Ferté, et la deuxième, probablement un autre fils de famille influente, Pierre-Jacques de Joybert de Soulanges. Deux des trois sœurs d'Étiennette fondèrent des foyers: Marguerite (1694) avec Charles-Étienne Gazon et Anne (1700) avec Jérôme Corda.

Mais nos familles Normand ne descendent pas exclusivement des trois pionniers percherons mentionnés plus haut. Le généalogiste Tanguay en cite d'autres arrivés dans le cours du XVIIIe siècle et originaires de Guyenne, de Normandie, de Bretagne et de Champagne. C'est, d'entre eux, Pierre Normand, fils de Pierre et de Marie Viger, de Saint-Palais, diocèse de Bordeaux, qui fut le plus prolifique. À cette époque, Bordeaux était la capitale de la Guyenne. Le bourg de Saint-Palais est situé à quelques kilomètres au sud de Mirambeau, à toute proximité de la N 137 et de l'A 10 (autoroute). Il est presque à cheval sur la frontière administrative qui sépare les départements de Charente-Maritime et de Gironde.

En 1719, à Montréal, Pierre Normand, qui était dit Jolicœur, épousa Marguerite Lehays, fille de Jean et de Madeleine (Mary) Swarton. Ces deux derniers, faits prisonniers en Nouvelle-Angleterre, s'étaient mariés à Québec en 1697, puis s'étaient établis à Saint-Laurent, près de Montréal; ils devaient avoir treize enfants, dont certains devinrent des Lahaie.

Pierre Normand vécut à la mission du Lac-des-Deux-Montagnes (Oka), où les Iroquois lui donnèrent le nom de Zorahk8annen. Deux de ses fils se marièrent dans cette mission: Charles, dit non seulement Jolicœur mais aussi Sarakowane (par les Iroquois), en 1760, avec Thérèse Kaherienentha, et Jean-Baptiste, en 1764, avec Françoise-Amable André dite Saint-Amand et Samson. Un troisième

La nef de l'église de Saint-Martin-du-Vieux-Bellême est vaste et haute, avec fenêtres à doubles lancettes et oculus du XVᵉ siècle. Ses stalles, sculptées et ornées de chimères, datent du XVIIᵉ siècle.

fils, Joseph, s'unit à Angélique Gamelin en 1768. Des sept filles de Pierre Normand, six fondèrent des foyers avec de jeunes hommes nommés Beaumont, Richer, Harmond, Dubé, Forand, Robidoux, Clin, Pontas, Mondy, Fleishman.

Quant aux autres Normand venus de Normandie, de Bretagne et de Champagne, ils furent peu prolifiques et peu de Québécois les comptent comme ancêtres.

Chez les Parent,
des triplés se marient le même jour

La naissance de triplés constituait un événement rarissime en Nouvelle-France, et on devait en parler longtemps dans les chaumières. Les bébés survivaient rarement. Ainsi, en 1729, des triplées naissaient au couple François Dizy dit Monplaisir et Geneviève Brisset, de Champlain; elles décédèrent le même jour; l'année précédente, l'infortuné ménage avait conduit au cimetière deux jumeaux de sexe indéterminé. En 1697, Guillaume Pagé dit Quercy et Élisabeth Letartre, de Québec, avaient été les parents de triplées; deux devaient décéder au berceau, mais l'autre fonda un foyer en 1727 avec Nicolas Boisseau.

Le cas du couple Pierre Parent/Jeanne Badeau, de Beauport, est remarquable: non seulement leurs triplés, Joseph, Jean et Étienne, ont-ils survécu jusqu'à l'âge adulte, mais ils se marièrent le même jour! Et deux des épousées étaient sœurs! Fait sans doute unique dans nos annales.

Pierre Parent (ou Parant), fils d'André et de Marie Coudré, était originaire de Mortagne-sur-Gironde, ancienne province de Saintonge. C'est de nos jours une commune de Charente-Maritime, arrondissement de Saintes, située sur les bords de l'estuaire de la Gironde, à quelque 30 km au sud-est de Royan. Le 9 février 1654, à Beauport,

On peut toujours admirer à Paris, avenue Victoria, la belle tour Saint-Jacques, de style gothique flamboyant, ancien clocher de l'église Saint-Jacques-la-Boucherie, haute de 58 mètres. L'église proprement dite a été démolie en 1797.

il épousait Jeanne Badeau, fille de Jacques et d'Anne Ardouin. Pierre était maître boucher, et c'est surtout en cette qualité qu'on le retrouve dans les documents notariés, même si les jésuites lui avaient octroyé une concession dans leur seigneurie de Notre-Dame-des-Anges. Dès 1662, le gouverneur d'Avaugour l'autorisa à exploiter un commerce de boucherie à Québec.

Le couple Parent/Badeau fut extraordinairement prolifique, surtout si l'on tient compte de la progéniture de ses enfants. Il eut 18 garçons et filles, dont pas moins de 15 fondèrent à leur tour des foyers et eurent des ribambelles de petits. Aussi devons-nous renoncer à des commentaires et nous limiter à citer les unions: prénom, année, nom du conjoint ou de la conjointe, mention des parents de celle-ci et nombre des enfants issus de chaque mariage, une compilation des données que contiennent les dictionnaires généalogiques.

Onze fils du couple Parent/Badeau contractèrent en tout 16 mariages:

Jacques (1677) avec Louise Chevalier, fille de René et de Jeanne Langlois (13 enfants dont 7 fils), puis (1705) avec Marie Bélanger, fille de Nicolas et de Marie de Rainville et veuve d'Ignace Choret (5 enfants dont 2 fils), enfin (1719) avec Marie-Madeleine Huppé, fille de Michel et de Madeleine Roussin et veuve de Louis Bédard (sans postérité). Pierre (1683) avec Marguerite Baugis, fille de Michel et de Madeleine Dubois (11 enfants dont 7 fils). André (1692) avec Marguerite Côté, fille de Martin et de Suzanne Pagé (4 enfants dont 2 fils). Jean-François (1687) avec Marie Vallée, fille de Pierre et de Thérèse Leblanc (11 enfants dont 9 fils), puis (1721) avec Anne Duquet, fille de Pierre et d'Anne Lamarre et veuve de Jean Thomas (sans progéniture). Joseph (1690) avec Marie-Madeleine Maret, fille de Jacques et de Marie Pagé (9 enfants dont 5 fils).

Michel (1692) avec Jeanne Chevalier, fille de René et de Jeanne Langlois (13 enfants dont 7 fils).

Viennent ensuite les triplés : Joseph (1696) avec Marie Bélanger, sœur de la deuxième épouse de Jacques, qui portait le même prénom (10 enfants dont 5 fils) ; Jean (1696) avec Marie-Françoise Bélanger, sœur des précédentes (14 enfants dont 6 fils) et Étienne (1696) avec Marie-Louise Chevalier, fille de René et de Jeanne Langlois (12 enfants dont 7 fils), puis (1727) avec Geneviève Trudel, fille de Nicolas et de Barbe Letartre (8 enfants dont 5 fils). L'abbé Étienne Boullard, curé de Beauport, célébra les trois unions et l'intendant Bochart de Champigny y assista. Charles épousa (1699) Marie-Anne Duprac, fille de Jean-Robert et de Marguerite Vachon (12 enfants dont 8 fils). Enfin, Antoine choisit pour compagne (1708) Barbe Trudel, fille de Nicolas et de Barbe Letartre (5 enfants dont deux fils), puis (1720) Charlotte Vachon, fille de Vincent et de Louise Cadieux (5 enfants dont 4 fils).

Si on fait le compte, on constate que les fils de l'ancêtre Pierre lui donnèrent près de 120 petits-enfants, dont près d'une quarantaine de petits-fils qui ont à leur tour fondé des foyers !

Nous ne saurions passer sous silence deux autres souches de nos familles Parent. À Montréal, en 1688, Mathurin Parent, fils de Thomas et de Marie Marné, un maître charpentier originaire de La Guerche (arrondissement de Loche, Indre-et-Loire), conduisait à l'autel Jeanne Boucher, fille de François (dit Vin d'Espagne) et d'Anne Lépine. Le couple eut neuf enfants tous nés à Montréal, sauf la benjamine, qui vit le jour au Détroit. Cinq étaient des fils qui se marièrent : Charles (1715) avec Marie Cécire, fille de Claude et de Marguerite Léger ; Guillaume (1720) avec Françoise Roy, fille de François et de Marie Cécire, Étienne-Joseph (1721) avec Marguerite Vinet, fille de François et de Marie-Angélique André, Jean-Baptiste

Cette gravure ancienne représente l'église Saint-Jacques-la-Boucherie au XVIIe siècle, telle qu'elle paraissait lors de la naissance de Michel Parent dit Parisien.

(1723) avec Marie Brunet, fille de Michel et de Marie-Madeleine Moison, et Pierre (1723) avec Marie-Anne Séguin, fille de Jacques et de Marie Badel. Ils s'établirent à Lachine, à Montréal et à la Pointe-Claire.

Troisième souche, Michel Parent dit Parisien. Coïncidence: alors que Pierre, nous l'avons mentionné, était maître boucher, Michel nous vint de la paroisse parisienne de Saint-Jacques-la-Boucherie. Fils d'Antoine et de Marguerite Lehongre, il épousa aux Trois-Rivières, en 1692, Marie-Anne Benoît, fille de Gabriel et de Marie-Anne Guédon.

Il décéda en 1708, laissant cinq enfants, des fils. Jean-Baptiste conduisit à l'autel (1713) Marie-Jeanne Guay, fille de Jean-Baptiste et de Marie-Agnès Simon. Joseph épousa (1721) Élisabeth Lomax, fille de Nataniel et de Délivrance Clark; c'était une Anglaise que les Abénaquis avaient faite prisonnière en Nouvelle-Angleterre et qui leur avait été rachetée par Étienne Robert, garde-magasin du Roi à Montréal. Pierre choisit pour compagne (1723) Marie-Catherine James, fille de Guillaume et de Catherine Limousin; elle était domestique chez le célèbre médecin et naturaliste Michel Sarrazin. Laurent contracta deux unions au Détroit, tout d'abord (1731) avec Marie-Josèphe Dauzé, fille de Pierre et de Marguerite Guignard, puis (1734) avec Jeanne Cardinal, fille de Jacques et de Jeanne Duguay.

On peut toujours admirer, à Paris, la belle tour de Saint-Jacques-la-Boucherie. L'église fut démolie en 1797.

L'ancêtre des Phaneuf
arrivé à bord du Mayflower

Nous avons déjà eu l'occasion de mentionner les raids que les Français, assistés d'Amérindiens, notamment d'Abénaquis, effectuaient contre les bourgs de la Nouvelle-Angleterre vers la fin du XVIIe siècle et au début du suivant. Faits prisonniers lors de ces expéditions, plusieurs jeunes garçons et filles furent adoptés par des couples de la Nouvelle-France et y fondèrent des foyers. Nombre de nos familles en comptent parmi leurs ancêtres.

C'est le cas des Phaneuf dont le premier ancêtre qui s'établit dans la colonie était un Farnsworth. Dans son ouvrage intitulé *De la Nouvelle-Angleterre à la Nouvelle-France*, le généalogiste Marcel Fournier nous renseigne sur Mathias Farnsworth, de même que M. Ignace-J. Deslauriers, juge de la Cour supérieure à sa retraite, qui a effectué des recherches sur les diverses ramifications de son ascendance.

La famille Farnsworth serait arrivée en Amérique à bord du *Mayflower* en 1621. Ses ancêtres étaient originairement établis à Dean, près de Manchester, dans le Lancashire. Peu avant la fin du XVIe siècle, les Farnsworth devinrent protestants et adhérèrent au puritanisme. Ils se réfugièrent à Delf, en Hollande. C'est peu après, à Portsmouth, qu'ils prirent passage sur le *Mayflower*.

C'est ainsi que le jeune Mathias John Farnsworth, né en 1612, franchit l'Atlantique. Sa famille vécut tout d'abord à Groton, Massachusetts, passa deux ans à Concord pour échapper à la menace d'expéditions franco-amérindiennes, puis revint à Groton, où le père décéda en 1689. L'un des fils contracta deux unions. De la seconde naquit Mathias, l'ancêtre de nos Phaneuf.

Au cours de l'hiver de 1704, Jean-Baptiste Hertel de Rouville, à la tête de 50 Canadiens et de 200 Amérindiens, fond sur le petit bourg de Deerfield (Mass.) dont les habitants dorment dans une fausse sécurité : comment pourrait-on s'attaquer à eux en cette saison ? Mais ils comptent sans l'habileté avec laquelle Français et autochtones se déplacent sur raquettes. La palissade disparaît sous la neige. Les assaillants investissent la place en silence, puis le massacre commence. Une cinquantaine d'habitants sont tués et plus d'une centaine faits prisonniers, dont le jeune Mathias, alors âgé de 14 ans.

Mathias vivra deux ans au milieu des Iroquois, au fort Lorette du Sault-au-Récollet. Les sulpiciens, seigneurs de l'île de Montréal, achèteront sa liberté. Le 10 janvier 1706, le sulpicien Henri-Antoine Mériel le baptise sous les prénoms de Mathias et de Claude : il a pour parrain nul autre que Claude de Ramezay, gouverneur de Montréal, et pour marraine, Claude-Élisabeth Souart d'Adoucourt, nièce du sulpicien Gabriel Souart, premier curé de Ville-Marie, et épouse du baron Charles Le Moyne de Longueuil. À ce moment-là, le patronyme a déjà subi une modification : Farneth. Il devait en connaître d'autres.

En 1711, les sulpiciens concèdent deux terres voisines, de trois arpents de front chacune, l'une à Mathias-Claude, l'autre à Jean Charpentier, époux de Françoise Hunault. Elles sont situées au lieu-dit de la baie Saint-Malo, c'est-à-dire à Rivière-des-Prairies. Deux ans plus tard, Mathias-Claude signe un contrat de mariage avec l'aînée des filles de ses voisins, Catherine Hunault. La bénédiction nuptiale fut donnée au couple, avec dispense de deux bans, le 2 octobre suivant, en présence de deux prêtres du séminaire et de neuf autres témoins. Dans sa corbeille, Catherine apporte un demi-arpent de terre situé le long de la concession du futur époux de même que deux taureaux, une vache, un cochon et deux brebis. Lorsqu'en 1731, les seigneurs dressent l'aveu et dénombrement de l'île de Montréal, le couple possède donc une terre de trois arpents et demi sur 40 de profondeur, comprenant 35 arpents de terre labourable et cinq de prairie. Il s'y trouve une maison, une grange et une étable. L'ensemble est chargé de cens et rentes de trois livres et six sols, de même que de trois minots et demi de blé.

L'année même de son baptême (1706), Mathias-Claude demande des lettres de naturalisation en même temps que plusieurs autres jeunes. Il ne les obtiendra que sept ou huit ans plus tard.

La bataille de Saint-Denis-sur-Richelieu (22 novembre 1837). Cette gravure ancienne montre les Patriotes, coiffés de tuques, repoussant les Anglais vers la rivière. Eusèbe Fanef (Phaneuf) fut mortellement blessé au cours de l'engagement.

Le couple aura une dizaine d'enfants, presque tous baptisés à Rivière-des-Prairies. La deuxième des filles, Marie-Josèphe, le fut à Oka, où les sulpiciens maintenaient une réserve comme celle du Sault-au-Récollet. Au moins six des fils fondèrent à leur tour des foyers. En 1745, l'aîné, Joseph, épouse Marie-Anne Peyet et s'établit à Sainte-Rose (6 enfants dont 4 fils). En 1744, Claude conduit à l'autel Marie Bousquet (10 enfants dont 6 fils) puis, en 1758, Marie Tellier (9 enfants).

C'est à Saint-Antoine-sur-Richelieu que Claude se fixa, et sa progéniture fut sans doute prolifique car, à l'époque de l'insurrection de 1837, le village de Saint-Denis comptait une dizaine de familles portant le patronyme Fanef, et deux jeunes hommes de ce nom figurent parmi les patriotes de l'époque: Pierre-Claude Fanef participa au coup de main de Longueuil, alors qu'on libéra des prisonniers conduits de Chambly à Montréal, et Eusèbe Fanef fut blessé mortellement par un boulet à la bataille de Saint-Denis.

Un autre des frères Fanef, Jean, unit sa destinée, en 1744 également, à celle de Madeleine Lauzon et, comme Claude, choisit Saint-Antoine pour élever sa famille (7 enfants, dont 5 fils). Encore la même année, François, que le généalogiste Tanguay dit sieur de la Touche et seigneur de Champlain, épouse Marguerite Forget, fille de Jean-Baptiste et de Jeanne Baudoin (9 enfants dont 7 fils).

Enfin, deux autres fils, Pierre et Paul, se marièrent aussi, à la Pointe-aux-Trembles de l'île de Montréal, le premier en 1754 avec Catherine Blais, et le deuxième l'année suivante avec Marie-Anne Blais. Les deux sœurs Blais étaient les filles de Gabriel et de Catherine Bau.

Sans doute épuisé par une existence de labeur, le couple souche quitta Rivière-des-Prairies, où il avait élevé tous ses enfants, et alla demeurer à Saint-Antoine-sur-Richelieu, où le fils Claude s'était établi. C'était vers 1764, alors que Mathias-Claude avait atteint le milieu de la sep-

L'arrivée des pèlerins du Mayflower *en 1620. Le grand-père de Mathias Farnsworth aurait été parmi eux.*

tentaine. C'est là qu'il fut inhumé en 1773, «âgé de 83 ans faits». Sa veuve lui survécut près de quatre ans.

L'épellation du patronyme Farnsworth subit quelques modifications au cours des générations avant de devenir Phaneuf vers le milieu du siècle dernier. On dit que certains descendants qui émigrèrent aux États-Unis virent le nom traduit «littéralement» en... Makenine. Curieux phéno-mène de retour aux sources!

Les Poirier, une nombreuse famille aux multiples souches

Les premiers Poirier qui fondèrent des foyers en Nouvelle-France nous venaient de Paris, du Quercy et du Poitou. Plus tard, d'autres pionniers portant le même patronyme se fixèrent dans nos régions, en provenance de l'Acadie.

Vincent Poirier dit Bellepoire, fils de François et de Michelle Bonar, était de la paroisse Saint-Nicolas-des-Champs, à Paris. L'église de celle-ci existe toujours, au numéro 254 de la rue Saint-Martin, à deux pas du Centre Beaubourg. Nous ne nous attarderons pas sur lui, car un seul fils, décédé à l'âge de huit ans, naquit de ses deux unions.

C'est en qualité de soldat du régiment de Carignan (compagnie de Chambly) que Jean Poirier dit Lajeunesse franchit l'océan. Fils de Jean et de Jeanne Ribairo (un patronyme que les généalogistes ne sont pas parvenus à déchiffrer de façon certaine), il était de la région du Quercy, Bassin aquitain, qui coïncide maintenant avec les départements du Lot et de Tarn-et-Garonne. Son bourg natal, Molières, compte de nos jours un peu plus d'un millier d'habitants. La façon la plus facile de repérer cette commune sur une carte à grande échelle est de prendre pour point de départ l'important chef-lieu départemental de

Montauban: d'ici, la D 959 chemine franc nord et atteint Molières en 23 kilomètres.

Jean Poirier contracta deux alliances, mais seule la première nous intéresse, car la seconde demeura sans progéniture, sauf pour un enfant apparemment mort-né.

À Montréal, le 18 mars 1668, il conduisit à l'autel Marie Langlois, fille de Thomas et de Marie Neufville. L'homme d'affaires Jacques Le Ber assistait au mariage, célébré par le sulpicien Gilles Perot, deuxième curé missionnaire de Ville-Marie. Le capitaine Jacques de Chambly avait sans doute été satisfait du comportement du soldat Poirier dans la compagnie qui portait son nom, car, le 15 octobre 1673, il lui accordait une concession dans la seigneurie qui lui avait été concédée le 29 octobre de l'année précédente et qui avait front sur la rivière Saint-Louis (l'actuelle Richelieu).

Le jeune colon ne prit pas le temps de mettre sa terre en valeur. Dès novembre 1674, il s'en départissait au profit d'un certain Aufray Coulon dit Mabrian. C'est seulement le 8 avril 1680 qu'il signera un contrat de mariage avec celle qui était devenue son épouse douze années plus tôt!

En 1681, les recenseurs notent la présence de cinq enfants sous le toit familial et Jean Poirier ne roule pas sur l'or: il ne cultive que quatre arpents. En 1685, le nouveau seigneur de Chambly lui concède une terre. Au cours des années suivantes, il se portera acquéreur de près d'une demi-douzaine d'autres concessions.

Le couple Poirier/Langlois eut dix enfants, la plupart sinon tous nés à Chambly et baptisés à Boucherville et à Contrecœur. Au moins deux des fils fondèrent des foyers. En 1694, Daniel unissait sa destinée à celle de Catherine Viger, qui lui donna près d'une quinzaine d'enfants, dont sept fils qui contractèrent à leur tour pas moins de onze unions. L'autre fils, Philippe, épousa, en 1710, Marie-Marguerite Vacher dite Lacerte, fille de Jean-Guy et de Marguerite Benoît, mais il fut moins prolifique que Daniel, car la mort le faucha dès 1717. Il avait été père de quatre enfants, dont un seul fils.

Le pionnier Jean Poirier décéda à Boucherville en 1722. Sa première épouse l'avait précédé dans la tombe en 1687, et sa seconde, remariée, lui survécut cinq années.

En 1676, à Sorel, Michel Poirier, qui était dit Langevin, surnom qui trahit sa province d'origine, épousait une fille du roi venue de Paris, Jeanne Rigaud, fille de feu André et de Françoise Perrin. Taillandier et maître armurier, Michel vécut tout d'abord à Sorel, puis à Montréal, et se fixa à Champlain. Six enfants naquirent de cette union, dont quatre fils. L'un d'eux, Étienne, se maria à son tour, en 1698, avec Suzanne Cousson, fille de François et de Marguerite Poignet dite Beauregard, mais il n'eut le temps que de lui donner une fille avant de décéder. Les dictionnaires généalogiques ne nous disent pas ce qu'il est advenu des autres fils.

Cette maison ancestrale, sise rue Saint-Charles, à Longueuil, à l'est du chemin de Chambly, fut construite en 1750 par le forgeron Daniel Poirier, petit-fils du pionnier Jean Poirier dit Lajeunesse.

Deux Poitevins devaient ensuite fonder des foyers. Le premier, Nicolas, originaire des Brouzils, non loin de La Roche-sur-Yon, épousa à Montréal, en 1689, Anne Rabouin, fille de Jean et de Marguerite Ardion. Il décéda quelques années plus tard. Des cinq enfants du couple, un seul atteignit la maturité, Jean, qui, en 1714, conduisit à l'autel Marguerite Jarry, fille d'Henri et d'Agathe L'Écuyer. Le couple eut une dizaine d'enfants et cinq de ses fils contractèrent à leur tour des unions avec des jeunes filles nommées Danis, Lenoir-Rolland, Dumouchel, Durand et Tabeau.

En 1709, un autre Poitevin se marie à Montréal, Joseph Poirier dit Desloges, un soldat de la compagnie de La Corne. Sa compagne, Marie Gauthier, est la fille de Pierre et de Charlotte Roussel et la veuve du maître d'armes Alexandre Turpin. Joseph est originaire de Lathus (maintenant Lathus-Saint-Rémy), non loin de Montmorillon. Après quelques années à Montréal, le couple se fixe à la pointe ouest de l'île et dès lors, ses enfants sont baptisés à Sainte-Anne-de-Bellevue.

Le couple Poirier/Gauthier eut neuf enfants et six de leurs fils, Charles, Jean-Baptiste, Joseph, Jean, Jacques et Pierre, se marièrent à leur tour. En 1729, le père contracta une seconde union, avec Marie-Marguerite Lalande, fille de Léonard et de Gabrielle Beaune: 13 autres enfants virent ainsi le jour, dont quatre fils, et même si nous ignorons ce qu'il advint de ceux-ci, on ne sera pas étonné de ce qu'il y ait quatre colonnes de Poirier dans l'annuaire téléphonique de la seule banlieue Ouest de Montréal! Au total, Joseph Poirier dit Desloges fut père de plus d'une vingtaine d'enfants.

Avant la fin du Régime français, deux autres Poirier fondèrent des familles: en 1737, Pierre, du diocèse d'Angers, avec Marie-Catherine Sédilot, et en 1741, un autre Pierre, de Gournay, diocèse de Beauvais, avec Marie-Louise Lecourt.

La tour dite «de l'Horloge», à Molières, lieu d'origine de Jean Poirier dit Lajeunesse. Située dans les côteaux du Quercy, Molières a été fondée au XIIe siècle.

Mais il ne faudrait pas minimiser l'apport des Acadiens. Dès 1640, on trouve des Poirier à Port-Royal. Au début du XVIIIe siècle, les Poirier étaient déjà la plus nombreuse famille de la seigneurie de Beaubassin. De nos jours, on trouve des descendants des Poirier acadiens dans les régions de Nicolet, des Bois-Francs, de Sherbrooke et de Drummondville, de même que dans la Beauce.

Selon l'archiviste É.-Z. Massicotte, c'est Pascal Poirier, ministre des Postes et chevalier de la Légion d'honneur, né à Shediac, Nouveau-Brunswick, qui fut à l'origine du choix de l'*Ave Maris Stella* comme hymne national des Acadiens.

Trois frères acadiens à l'origine de nos familles Prince

Certains de nos patronymes résultent de noms de dignité tout d'abord employés comme sobriquets. C'est le cas, par exemple, de Prince et de Roy, qui furent originairement précédés d'un article: Leprince, Leroy. Leduc et Lecomte ont cependant conservé l'article jusqu'à nous.

Bien sûr, ces familles ne sont pas issues de l'aristocratie royale. Les titres nobiliaires se prêtaient à l'ironie, et chez la gent militaire, on n'hésitait pas à en affubler les compagnons d'armes. Par ailleurs, on trouve parfois en France le patronyme Princé, qui avait dans l'ancien français le sens de principauté. De nos jours, Princé est une petite commune du département d'Ille-et-Vilaine (arrondissement de Rennes).

Si nos Prince n'ont pas de sang bleu dans les veines, ils n'en appartiennent pas moins à la noblesse du cœur et du labeur. Ils descendent pour la presque totalité d'un soldat du régiment de Carignan, Jacques Le Prince. En septembre 1665, huit compagnies de ce régiment, dont celle de Loubias, à laquelle il appartenait, sont arrivés à Québec, en même temps que le gouverneur de Courcelle et l'intendant Talon. Chose étonnante, il ne figurait pas au rôle du régiment, mais on le retrouve en garnison aux Trois-Rivières en 1667.

«L'Expulsion des Acadiens», (tableau de F.C. Darley).

Avant de nous pencher sur cet ancêtre, signalons qu'un Normand de même patronyme, Guillaume Leprince dit Sanscartier, est aussi passé en Nouvelle-France. Fils de Guillaume et de Barbe La Dauphine, il était originaire de Louvigny, non loin de Caen. En 1712, à Montmagny, il épousa Catherine Laforest, fille de Pierre et de Charlotte Godin. Décédé à Québec en 1726, il avait été père de deux enfants dont un fils, Jean-Baptiste, qui fonda à son tour un foyer, en 1738, avec Marie-Anne Blais, fille d'Antoine et d'Ambroise Fournier. Selon le généalogiste Tanguay, le couple eut six enfants dont trois fils, mais la lignée des descendants mâles semble s'être éteinte après quelques générations.

Revenons au soldat Jacques Le Prince. L'un de ses descendants, le regretté journaliste Vincent Prince, a étudié sa généalogie de près. Il a consacré deux longues études à son ancêtre dans les *Mémoires* de la Société généalogique canadienne-française (vol. XXII #1 et vol. XXXVII #3). Il a présidé aux premières activités de l'Association des familles Prince d'Amérique. Son *Dictionnaire des familles Prince d'Amérique* n'a hélas paru qu'après son décès.

Même si Jacques Le Prince arriva directement à Québec, c'est via l'Acadie que ses descendants revinrent dans la vallée du Saint-Laurent. Après sa démobilisation, en effet, il passa en Acadie et y épousa Marguerite Hébert, fille d'Étienne et de Marie Gaudet, de la région de Grand-Pré. Trois fils issus de ce mariage fondèrent à leur tour des foyers: François avec Catherine Benoît, Antoine avec Anne Trahan et Jean avec Jeanne Blanchard. Hélas! chacune de ces familles allait être victime des opérations de déportation menées par l'occupant anglais. À ce moment-là, écrit M. Prince, François s'était réfugié dans l'île Saint-Jean (île du Prince-Édouard), Antoine se trouvait dans la région de Pisiguit et Jean, à Port-Royal.

Les membres de la famille de François se retrouvèrent dans des geôles anglaises d'où ils regagnèrent la France. Plusieurs devaient aboutir plus tard en Louisiane où vivent

«*Évangéline*», tableau de Frank Dicksee.

233

encore un certain nombre de leurs descendants. Certains de ceux-ci essaimèrent dans les états voisins, notamment au Texas. La famille d'Antoine, comme celle de François, passa de l'Angleterre à la France et vécut à Morlaix, dans l'attente d'une fort problématique réinsertion dans le tissu paysan de la mère patrie. Anne Le Prince, dont le mari décéda dans une prison de Liverpool, et sa fille, Anastasie, devaient être décapitées sur la place publique, pendant la Terreur, après avoir été jugées coupables de l'accueil sous leur toit d'un prêtre qui n'avait pas prêté le serment d'allégeance à l'autorité révolutionnaire!

La famille de Jean avait fui Port-Royal. Ses membres passèrent en Nouvelle-France et, après deux hivers à Québec, ils s'établirent à Saint-Grégoire (Nicolet) à l'automne de 1758. La fondation de ce bourg, d'ailleurs, fut exclusivement acadienne, et les Prince et Le Prince ont joué un rôle de premier plan dans son établissement et son essor. En effet, le Révérend Père Adrien Bergeron, s.s.s., a effectué en 1955 un relevé des actes consignés dans les registres de la paroisse pendant un siècle et demi: il en a trouvé 621 ayant trait à des familles portant ce patronyme, et ceci ne tient évidemment pas compte des Prince et Le Prince qui y figuraient à titre de témoins. Pendant cette même période, il a retracé 51 baptêmes d'enfants de cette prolifique grande famille, dont 29 fils; plusieurs de ceux-ci devaient évidemment contribuer à la pérennité du patronyme.

Un recensement effectué en 1847 dans la paroisse de Saint-Grégoire témoigne de la présence de 14 foyers Prince ou Le Prince: trois dans le rang du Haut-du-Village, autant dans le rang du Lac-Saint-Paul, deux dans le rang Vide-Poche, deux dans le rang Saint-Charles, trois dans le rang du Pays-Brûlé et un dans le rang Saint-Joseph. Plus d'une quarantaine d'enfants grandissaient sous ces toits familiaux.

Des cousins de la branche d'Antoine rejoignirent peu à peu la famille de Jean, et depuis Saint-Grégoire, écrit M. Vincent Prince, leurs descendants essaimèrent dans la région et on en trouva bientôt à Nicolet, Sainte-Monique, Saint-Célestin, Saint-Léonard, Saint-Wenceslas, Sainte-Eulalie et Saint-Samuel, dans le comté de Nicolet, puis à Saint-Valère, Victoriaville, Arthabaska, Sainte-Sophie de Mégantic, Drummondville, Saint-Félix de Kingsey. On en trouve beaucoup chez les pionniers des Bois-Francs et de l'Estrie, où ils ont épaulé les autres colons de langue française dans la *reconquête* des terres tout d'abord destinées aux Loyalistes. Les Prince ont non seulement donné au diocèse de Saint-Hyacinthe son premier évêque, Mgr Jean-Charles Prince, mais c'est le nom d'un frère de ce dernier, Pierre Prince, qui fut donné en 1857 à la localité de Saint-Eusèbe de Stanfold, qui devint alors Princeville, comté d'Arthabaska.

En juin 1991 s'éteignait la doyenne des Prince, Mlle Laura Prince, à l'âge de 107 ans et 10 mois. Née à Saint-Félix de Kingsey, c'est à Drummondville qu'elle décéda.

Les frères Roberge,
pionniers de l'île d'Orléans

Ils étaient originaires de Normandie, ces pionniers, et deux, nés d'un même mariage, prénommés Pierre, sont essentiellement les ancêtres des quelque quatre mille Roberge qui existent en Amérique du Nord. Ils avaient un demi-frère, Denis, issu d'une première union. C'est par lui que nous débuterons, car il fut le premier à fonder une famille.

Fils de Jacques et d'Andrée LeMarchand, Denis serait né, comme ses demi-frères, à Saint-Germain-le-Vasson. Ce bourg est aujourd'hui une commune d'un millier d'habitants, située dans le canton de Bretteville-sur-Laize. Ce dernier toponyme ne saurait nous laisser indifférent: dans le cimetière militaire de Bretteville-sur-Laize dorment 2 959 de nos soldats.

Depuis Caen, la N 158 file vers le sud. En quelque 15 km, elle atteint la D 183, à Cintheaux. Celle-ci, prise sur la droite, conduit aussitôt à la petite nécropole. À 4,50 km au sud de Cintheaux se rencontre la D 239 qui, empruntée également sur la droite, débouche sur Saint-Germain-le-Vasson.

Il est certain que Denis arriva en Nouvelle-France en 1661. Peut-être doit-il son intérêt pour la colonie à un stage qu'il effectua à l'Ermitage de Caen, que fréquenta l'abbé François de Laval avant d'être nommé premier évêque de Québec.

En mars 1663, Mgr de Laval fondait le séminaire de Québec, et Denis Roberge fut son premier serviteur. Celui-ci possédait sans doute une certaine instruction, car on lui confia la rédaction de documents et des tâches administratives.

Le 3 juillet 1667, par-devant le notaire Michel Fillion, il signe un contrat de mariage avec Geneviève Auber, fille de Claude et de Jacqueline Lucas. Claude Auber est notaire royal depuis trois ans et deviendra juge-prévôt de la seigneurie de Beaupré.

Le couple Roberge/Aubert eut onze enfants dont sept fils. Certains de ceux-ci décédèrent jeunes. Aucun ne semble avoir de descendants. Des quatre filles, l'une mourut au seuil de son treizième anniversaire; une autre, Angélique, prit le voile chez les Ursulines; les deux autres se marièrent: Marie-Anne en 1689 avec François Guyon et Marie-Madeleine en 1697 avec Charles Perthuis.

Si, de nos jours, l'Amérique du Nord compte quelque 4 000 Roberge, nous le devons essentiellement aux deux frères Pierre, l'un dit Lacroix et l'autre dit Lapierre, fils de Jacques et de Claudine Buret et demi-frères de Denis.

On s'étonne parfois de trouver le même prénom chez des frères et des sœurs. C'est souvent parce que le premier ou la première ne vit plus, ou encore, parce qu'on souhaitait donner au nouvel enfant le prénom du parrain ou de la marraine, selon le cas.

C'est cinq ans après son demi-frère que Pierre Roberge dit Lacroix fonda un foyer, avec Antoinette Bagau de Beaurenom, originaire de la région de Cherbourg. C'était en 1671. L'union demeura sans postérité. En 1684, il songea à un deuxième mariage, avec Marie Chabot, fille de Mathurin et de Marie Mesangé, mais l'amourette tourna court et l'entente fut annulée. C'est avec Marie Lefrançois, fille de Charles et de Marie-Madeleine Triot, qu'il fonda une deuxième famille.

Le couple Roberge/Lefrançois porta sept enfants à l'église, dont trois fils. Tous virent le jour à Saint-Laurent, île d'Orléans. L'aîné, Pierre, choisit pour compagne de vie, en 1710, Marie-Anne Jouanne, fille de Jean et d'Anne Grimbault et veuve de Charles Manseau (six enfants dont trois fils). Cinq ans plus tard, Joseph conduisait à l'autel Marie-Madeleine Lemelin, fille de Louis et de Marie-Anne Delomay (11 enfants dont 7 fils). En 1722, Jean-Baptiste épousait Angélique Faucher, fille de Nicolas et de Marie-Madeleine Langlois (6 enfants dont 2 fils); il contracta une seconde union, en 1736, avec Françoise Larue, veuve de Pierre Pagé, mais il n'en résulta pas de progéniture.

Lors du recensement de 1681, Pierre Roberge dit Lacroix met en valeur une terre de l'île d'Orléans, où il cultive dix arpents et possède six bêtes à cornes. Il y habite avec son épouse, Antoinette «Bascon». Dans son *Histoire des Canadiens-Français* (vol. V, p. 86), Benjamin Sulte ajoute «Françoise Loignon» entre parenthèses. C'est sans doute là une erreur, car l'autre Pierre y figure déjà dans la page précédente. Quiconque consulte cet ouvrage y trouvera l'île d'Orléans sous la rubrique de «comté de Saint-Laurent».

Retraçons maintenant le fil conducteur du frère du précédent, Pierre Roberge dit Lapierre. Comme ils portaient le même prénom, les deux frères prirent sans doute un surnom pour se distinguer l'un de l'autre.

Pierre Roberge dit Lapierre, nous l'avons souligné, fut aussi un pionnier de l'île d'Orléans. C'est là, à Sainte-Famille, qu'en 1679 il fonda un foyer, avec Françoise Loignon, fille de Pierre et de Françoise Roussin. Pierre Loignon était au pays depuis 1647, alors qu'il avait été engagé, au Perche, par Noël Juchereau, et il était à la tête

L'église de Saint-Germain-le-Vasson, à quelque vingt kilomètres au sud de Caen. C'était la paroisse des frères Roberge.

Une belle maison patrimoniale s'élève de nos jours sur la terre ancestrale des Roberge, au numéro 2346 du chemin Royal, à Saint-Pierre, île d'Orléans. Un monument y rend hommage aux ancêtres.

d'une importante exploitation dans l'île : il y cultivait 50 arpents et possédait une vingtaine de bêtes à cornes.

Le couple Roberge/Loignon fut le plus prolifique. Il porta treize enfants au baptême, à Saint-Pierre. Cinq des fils se marièrent à leur tour. Tout d'abord Jean-Baptiste, en 1709, avec Anne Blouard, fille de Mathurin et de Marguerite Paulet (4 enfants dont un fils). En 1716, Joseph conduisait à l'autel Geneviève Leduc, fille de René et d'Anne Gendreau et veuve de Pierre Métayer dit Saint-Onge, à qui elle avait donné cinq enfants ; avec elle, Joseph eut un fils, puis il se remaria, en 1748, avec Madeleine Girard, fille de Jean-Baptiste et de Madeleine Aumier (un fils et deux filles).

En 1720, Charles épousait Marie-Madeleine Côté, fille de Jean et de Marie-Anne Langlois (9 enfants dont 5 fils). Six ans plus tard, Pierre conduisait à l'autel Marie Lefrançois, fille de Nicolas et de Marie-Madeleine Lefebvre (11 enfants dont 5 fils). Enfin, en 1730, le benjamin des fils, Ambroise, fondait une famille avec Marie-

Louise Goulet, fille de Jean et de Marguerite Blouard (8 enfants dont 5 fils).

En 1681, Pierre Roberge dit Lapierre et Françoise Loignon, à qui un premier fils vient de naître (il décédera à l'âge de 13 ans), sont établis sur une terre dont ils mettent 15 arpents en valeur. Ils possèdent six bêtes à cornes.

En 1979, les Roberge ont érigé une stèle sur la terre ancestrale de la famille, à Saint-Pierre, île d'Orléans. Elle comporte la devise de la famille: «Fay ce que devras». Une inscription commémorative apposée sur la façade de la mairie de Saint-Germain-le-Vasson, dans le Calvados, rappelle aussi la mémoire des frères Roberge.

Les frères Rocheron,
ancêtres de nos familles Rochon

Ce sont deux frères arrivés en Nouvelle-France au cours du XVIIe siècle qui sont les ancêtres de nos Rochon de vieille souche: Simon et Gervais Rocheron. C'était là l'un des nombreux patronymes issus du mot «roche» et qui, dans certains cas, s'adjoignirent un article simple ou contracté, comme Laroche, Desroches.

Simon et Gervais étaient originaires de Saint-Cosme-en-Vairais, qui est aujourd'hui une commune de deux mille habitants du département de la Sarthe, arrondissement de Mamers. On la trouve sur la N 138, qui débute à Mortagne-au-Perche et franchit la forêt de Bellême en direction du Mans. Saint-Cosme est à 14 km au sud-ouest de Bellême.

Les frères Rocheron étaient les fils de Julien et de Martine Lemoyne. Dans l'église où ils reçurent le baptême, on trouve leur patronyme gravé dans une plaque de marbre, avec d'autres fort répandus au Québec: Bisson, Bouchard, Fortin, Gasnier (Gagné), Pouliot, Rouillard, etc., ce qui témoigne du précieux apport des paroisses de Saint-Cosme-de-Vair, de Notre-Dame-de-Vair et du bourg voisin de Champaissant à l'essor de la colonie.

C'est le 6 février 1633 que l'aîné, Simon, fut baptisé. Le 27 août 1663, par-devant le notaire Fillion, il signait un

L'église de l'actuelle commune de Saint-Cosme-en-Vairais, qui regroupe les anciennes paroisses de Saint-Cosme-de-Vair et de Notre-Dame-de-Vair. Plusieurs de nos pionniers y ont prié.

contrat de mariage avec Mathurine Bisson, fille de Florent et de Jeanne Yvon et veuve de Nicolas Pré (Dupré) dit Le Poitier, à qui elle avait donné deux fils. Le mariage fut célébré le 12 septembre suivant, et c'est le deuxième qui figure dans les registres paroissiaux du Château-Richer.

Simon adopta les fils du premier mari de Mathurine. En effet, lors du recensement de 1667, alors que le couple vit sur une concession de la côte de Lauzon, en face de Québec, on les trouve sous le toit familial, de même qu'une première fille, Marguerite. Le colon possède cinq bêtes à cornes et cultive six arpents. En 1681, Simon et son épouse habitent toujours la côte de Lauzon. Ils possèdent maintenant dix bêtes à cornes et ensemencent 20 arpents. Tous leurs enfants sont nés, soit quatre fils et trois filles. On ne sait ce qu'il advint de deux fils prénommés Charles.

L'aîné, Étienne, contracta deux mariages, tout d'abord en 1693 avec Élisabeth Bégin, fille de Louis et de Jeanne Durand, puis cinq ans plus tard avec Marie-Charlotte Jeanne, fille de Robert et de Françoise Savard. Trois filles naquirent de ces unions, qui épousèrent Ignace Carrier et les frères Jacques et Étienne Bégin.

Jean fut plus prolifique. En 1702, il conduisait à l'autel, à Saint-François de l'île Jésus, Geneviève Garnier (ou Grenier), fille de Julien et de Geneviève Hubou. Le couple eut 13 enfants, dont six fils, et cinq de ceux-ci se marièrent à leur tour. Leur progéniture se fixa à Saint-François, Saint-Vincent-de-Paul, Mascouche et Lachenaie.

Le frère de Simon, Gervais, d'un an son benjamin, épousa à Sainte-Famille, île d'Orléans, le 26 octobre 1671, Marie-Madeleine Guyon, fille de Claude et de Catherine Colin. Ils avaient signé leur contrat de mariage par-devant le notaire Auber en juin. Le couple porta 15 enfants au baptême, dont six fils. L'un de ceux-ci décéda au berceau. Un autre, Nicolas, se noya au début de la trentaine, apparemment célibataire. Les quatre autres fondèrent des foyers.

Les 15 enfants furent baptisés à Sainte-Famille, île d'Orléans, entre 1674 et 1698, et sept filles virent tout d'abord le jour. Le huitième enfant, Gervais, épousa Marie David dite Pontife, fille de Jean et de Marie-Anne Prévost (7 enfants dont 3 fils). Jacques contracta deux unions, la première avec Thérèse David, sœur de Marie, en 1723 (6 enfants dont 3 fils), et la seconde, avec Marie Amiot dite Villeneuve, fille de Pierre et de Marie-Thérèse Gilbert, en 1745 (4 enfants dont 2 fils).

François, le treizième enfant de la famille, à l'instar de Jacques, conduisit deux épouses à l'autel : tout d'abord, en 1720, Marie-Anne Filiatrault, fille de Louis et de Marie-Madeleine Labelle (une fille) puis, en 1728, Marie-Charlotte Gingras, fille de Charles et de Marie-Françoise Amiot (13 enfants dont 8 fils). Enfin, l'avant-dernier enfant, Julien, se maria lui aussi deux fois : en 1725 avec Marie-Anne Beauchamp, fille de Pierre et d'Anne Bazinet (3 fils), puis, en 1734, avec Jeanne Charles dite Lajeunesse, fille d'Étienne et de Marie-Josèphe Robin dite Lapointe (4 fils).

Sept des filles du couple Rocheron/Guyon fondèrent des foyers. L'aînée, Catherine, voulut tout d'abord prendre le voile à la Congrégation de Notre-Dame, mais elle quitta le couvent en 1698 et épousa Étienne Audibert dit Lajeunesse, un soldat, à qui elle donna neuf enfants. Les autres contractèrent les unions suivantes : Marie-Madeleine (1695) avec Jacques Gagnon, Marie (1698) avec Bernard Létourneau, Anne (1700) avec Nicolas Dumay (Demers), Cécile (1702) avec Jean-Baptiste Leblond, Thérèse (1704) avec Jean Gagnon et Élisabeth (1710) avec René Meneux.

Marie Rocheron, sœur des frères Simon et Gervais, traversa aussi l'Atlantique. En 1657, à Québec, elle devenait l'épouse de François Gaulin, originaire de Saint-

AVX FAMILLES
de SAINT-COSME-DE-VAIR NOTRE-DAME-DE-VAIR
et CHAMPAISSANT,
PARTIES AV XVII S POVR LA NOVVELLE FRANCE

BISSON·BOVLLARD·BOVCHARD·DODIER
FORTIN·GARNIER·GASNIER
LEREAV·MAVFAY
POVLIOT·ROCHERON
ROVILLARD·ROVLLOIS

·JE ME SOVVIENS·

Cette inscription rappelle, en l'église de Saint-Cosme-en-Vairais, la mémoire d'une douzaine de pionniers, mais on estime que plus d'une trentaine nous sont venus des anciennes paroisses de Saint-Cosme-de-Vair, de Notre-Dame-de-Vair et de Champaissant.

Martin-du-Vieux-Bellême (15 km au nord de Saint-Cosme-en-Vairais). Elle fut mère de onze enfants.

Une quinzaine des petits-fils de Gervais Rocheron fondèrent à leur tour des foyers. Une bonne proportion de leurs descendants, des Rochon, ont essaimé dans l'île Jésus et la région.

Il semble que l'adoption de Rochon comme patronyme se soit amorcée dès la deuxième génération. Les contrats de mariage des frères Simon et Gervais signés par-devant les notaires Fillion et Auber respectent le nom apporté de France: Rocheron. C'est chez les enfants de ces deux pionniers que la modification a commencé à s'implanter, dès la naissance.

Simon fut père de sept enfants et cinq des actes de baptême ont été repérés: dans quatre des cas, le patronyme Rochon apparaît; dans celui de l'aînée, c'est Rocheron qui subsiste. Quant aux actes de baptême des enfants de

Gervais, c'est l'inverse proportionnellement: Rocheron apparaît dix fois, contre cinq pour Rochon. C'est en tout cas ce que l'on constate en consultant cette véritable bible de la généalogie qu'est le *Répertoire des baptêmes, mariages et sépultures* édité par les Presses de l'Université de Montréal, sous l'égide du département de démographie.

Poitou et Normandie, principales sources des familles Roy

Chez les Roy, les familles-souches sont si nombreuses qu'on ne peut les aborder qu'en deux volets. En effet, seulement au cours du XVIIe siècle, une quinzaine d'ancêtres portant ce patronyme ont fondé des foyers en Nouvelle-France. Au moins huit d'entre eux venaient du Poitou et de la Normandie. Les métiers qu'ils exerçaient démontrent qu'ils ont surtout œuvré dans le domaine de la construction ou comme soldats.

Le premier qui ait été père de famille dans la colonie, Nicolas Roy (ou Leroy) avait vu le jour à Dieppe et reçu le baptême en 1639, en l'église Saint-Rémi. Fils de Louis et d'Anne Lemaître, il avait franchi l'Atlantique avec sa mère, ainsi qu'avec son épouse, Jeanne Lelièvre, et deux fils. C'était en 1662. Huit enfants naquirent au couple après son arrivée. Hélas! deux décédèrent dans un incendie, au Château-Richer. Six des fils se marièrent: Louis (1682) à Marie Ledran, Nicolas (1686) à Marie-Madeleine Leblond, Noël (1690) à Jeanne-Thérèse Cassé, Guillaume (1689) à Angélique Bazin, Jean (1694) à Catherine Nadeau et Jean-Baptiste (1698) à Marguerite Bazin, sœur d'Angélique.

Nicolas était arrivé marié. Le premier Normand qui fonda une famille en Nouvelle-France, Siméon, était un charpentier baptisé en 1637 à Créances, évêché de Coutances.

Plusieurs de nos fondateurs de lignées ont été baptisés en l'église Saint-Rémi, à Dieppe, dont Nicolas Roy. Voici la chapelle de chevet de cette église, où repose Aymar de Chastes, qui envoya François Gravé sieur du Pont et Samuel de Champlain en Nouvelle-France en 1603.

Fils de Richard et de Gillette Jacquet, il conduisit à l'autel, à Québec, en 1668, Claude Deschatelets, fille de François et de Jacquette Chevallereau. Le couple vécut tout d'abord à Québec, où naquirent ses quatre premiers enfants, puis se fixa à Charlesbourg, où quatre autres virent le jour. De ses cinq fils, les dictionnaires généalogiques n'en mentionnent qu'un seul qui se soit marié, Jean, dont l'épouse, Marie-Thérèse Jobin, fut mère de 12 enfants, presque tous baptisés à Charlesbourg. Siméon était un Leroy dit Audy.

C'est également en 1668, à Québec, qu'Olivier Roy, un autre Normand, de Fontenay-sur-Orne, évêché de Sées, fonda un foyer. Sa compagne, la Picarde Madeleine Rentier, était fille de Philippe et de Marie Cotré. Tout comme Siméon, Olivier s'établit à Charlesbourg. En 1681, il y cultive 13 arpents et possède quatre bêtes à cornes. De ses six enfants, deux fils décéderont en bas âge et deux se marieront: Mathurin (1699) avec Marie-Anne Leclerc et Pierre-Louis (1704) avec Marie-Madeleine Roy. L'une des filles, Françoise, sera conduite à l'autel (1693) par Jean Badeau.

Évoquons maintenant la mémoire de cinq Poitevins qui ont contribué à l'enracinement du patronyme.

Michel Roy dit Châtellerault est arrivé en 1665 en qualité de soldat du régiment de Carignan (compagnie de Lanoraie). Né à Senillé, évêché de Poitiers, il avait 20 ans. En 1668, à Québec, il épousait une fille du roi, Françoise Aubé, fille de Pierre et de Françoise Périé, de la paroisse Saint-Sulpice (Paris). C'est à La Pérade que le couple se fixa. Michel fut d'ailleurs notaire de la seigneurie depuis 1663 jusqu'à sa mort, en 1709. Il fut père de cinq enfants dont trois fils qui se marièrent à leur tour: Edmond (1701) avec Marie-Anne Janvier, Pierre (1710) avec Marie Hamelin et Michel (1712) avec Madeleine Quatresous. Les trois participèrent à des expéditions vers l'Ouest dans le cadre de la traite des pelleteries. Les deux autres enfants, Catherine et Marguerite, joignirent leur destinée à celle de Claude Rivard et de Joseph Gouin, respectivement.

Le deuxième Poitevin, Pierre, fut de loin le plus prolifique. Pierre Roy (ou Leroy, lui aussi) venait de Saint-Michel-le-Cloucq, non loin de Fontenay-le-Comte. Fils de Charles et de Jeanne Boyer, il était en 1666 à l'emploi du riche marchand montréalais Jacques LeBer, qui avait cinq autres engagés à son service. En 1672, il succombe aux charmes de Catherine... Ducharme, une fille du roi arrivée l'année précédente de la paroisse Saint-Benoît de Paris. Le ménage s'établit à La Prairie et porta 18 enfants au baptême!

On a cru que ce prolifique père avait été mêlé à une affaire de mœurs, en 1683, dans la région de Lachenaie, alors qu'une dame avait repoussé les avances d'un certain Pierre Roy qui aurait menacé, pour se venger, de lui couper le nez à la porte de l'église au sortir de la messe! Mais l'un de ses descendants, M. Pierre Ducharme, rejette cette

L'église Saint-Jean-de-Moutierneuf, à Poitiers. C'était la paroisse de Joseph Roy dit Chouigny, qui fonda un foyer à Québec en 1694 avec Marguerite Martin. Le couple eut onze enfants.

affaire sur le dos d'un autre personnage (*Mémoires*, Soc. gén. can.-française, vol. XXXIII, pp. 119-120).

Des 18 enfants du couple, huit fils atteignirent l'âge adulte et cinq se marièrent: Pierre (1703) avec une Amérindienne, Marguerite Ouabankekoué, un deuxième Pierre (1705) avec Marie-Angélique Faye, Jacques (1711) avec Marthe-Marguerite French (jeune Anglaise faite prisonnière avec sa famille lors de l'attaque de Deerfield en 1704), André (1718) avec Suzanne Gourdon et Louis (1718) avec Marguerite Demers. L'aînée des filles prit le voile à la Congrégation de Notre-Dame; les autres épousèrent de jeunes hommes nommés Babeu, Rougier, Lériger, Perras et Trudeau.

Jean Roy (ou Leroy) dit La Pensée, était originaire de Saint-Julien-l'Ars, non loin de Poitiers. Arrivé en 1665, il était soldat du régiment de Carignan (compagnie de Lafredière). Après son licenciement, il entra comme domestique à l'Hôtel-Dieu de Montréal. En 1676, il épouse Jeanne Richecourt dite Malteau, fille de Paul et de Marie Gaubert et veuve de Jean Foucher, à qui elle a donné trois enfants. Quatre autres naîtront de cette union, dont un fils, François, qui épousera à Lachine, en 1698, Catherine Plumereau; elle devait être mère de neuf enfants, tous nés à ce dernier endroit. Jean Roy était maître charpentier.

Un autre ancêtre originaire de l'évêché de Poitiers et prénommé Pierre disparut prématurément. En 1688, dans l'île Jésus, il épousa Françoise Dagenais, fille de Pierre et d'Anne Brandon. Il n'eut le temps que de lui donner trois enfants, car vers la fin de juillet 1692, il fut pris par les Iroquois. Seul un fils, Pierre, contracta une union, en 1711, avec Isabelle Chartier, fille de Guillaume et de Marie Faucon et veuve de Jean Petit, à qui elle avait donné quatre enfants. Sept autres naquirent de ce nouveau mariage.

Terminons notre liste des Poitevins avec Joseph Roy dit Chouigny, lui aussi originaire de l'évêché de Poitiers.

En 1694, à Québec, il conduisait à l'autel Marguerite Martin, fille de Pierre et d'Anne Poitron et veuve de Jacques Charpentier. Onze enfants naquirent de ce ménage et au moins trois fils se marièrent à leur tour: Jacques (1719) avec Marguerite Lalongé, Guillaume (1722) avec Marie-Anne Tartre et Jean-Baptiste (1725) avec Marguerite Masta.

D'autres ancêtres Roy venus
de cinq anciennes provinces

Des pionniers portant le patronyme Roy, il n'en est pas venu que de Normandie et du Poitou, mais aussi d'Aunis, du Maine, de Bourgogne, de Touraine et de Bretagne.

C'est de l'Aunis, plus précisément de La Rochelle, que Mathurin Roy, son épouse, Marguerite Biré (mariés vers 1638) et trois enfants partirent pour la Nouvelle-France. Le père était maître maçon. L'aîné des fils, qui portait le même prénom, travaillait sur la côte de Beaupré, en 1667, où il participait avec dix autres employés à la mise en valeur de 50 arpents sur un domaine seigneurial. Il ne semble pas s'être marié. Quinze ans plus tard, on le trouve au village Saint-Joseph (Charlesbourg), où il cultive 12 arpents. Il vit seul et se déclare maçon.

En 1669, à Québec, le deuxième fils, Étienne, fonde un foyer avec Marguerite Navarre, fille de Jean et de Louise de Brie. Jean Navarre, nous dit le généalogiste René Jetté, avait été maître de danse à Angoulême. Le couple s'établit à Charlesbourg et eut six enfants dont un fils, Jean-Baptiste, qui, en 1696, choisit pour compagne Anne Hot, fille de Pierre et de Marie Girard. En 1712, il se remariait, avec Agnès Gagnon, fille de Jean et de Marguerite Drouin et veuve de Jacques Rhéaume. Treize enfants naquirent de ces deux unions dont cinq fils. Quatre décédèrent en bas âge. L'autre, Joseph, se maria deux fois: à Marie-Louise Gagnon (1741) puis à Jeanne Drouin (1760).

Simon Roy (ou Leroy), originaire de Ligron (Maine), connut hélas une fin tragique. Recruté en 1653 au nombre d'une centaine de défricheurs et d'artisans afin de sauver Ville-Marie menacée par les Iroquois, il épousait cinq ans plus tard Jeanne Godard, fille de Robert et d'Antoinette Grandpierre. En mai 1659, le sieur de Maisonneuve lui octroyait une concession de 30 arpents. Le 19 mai 1661, un fils naissait au couple. Huit mois plus tard, le père perdait la vie aux mains des Iroquois, en même temps que Lambert Closse et deux autres compagnons.

Le fils, Jean, contracta deux unions, la première en 1680, à la Pointe-aux-Trembles, avec Madeleine Courtemanche, fille d'Antoine et d'Élisabeth Haguin, et la seconde à la Rivière-des-Prairies, en 1715, avec Marie Lamoureux, fille de Louis et de Françoise Boivin et veuve de Jean Millet. Quatre enfants naquirent du premier mariage et deux du second.

Jean Roy (ou Leroy), originaire de Marans, en Aunis, fut aussi un pionnier de Ville-Marie. Lui et sa femme, Françoise Bouet, furent engagés par Jeanne Mance par contrat signé par-devant notaire le 5 juin 1659. Le 2 mai 1665, le sieur de Maisonneuve concède 30 arpents à Jean Roy «au-dessus de la rivière Saint-Pierre». Deux ans plus tard, le colon y cultive trois arpents et possède une bête à cornes, sans doute une vache, car il a déjà quatre enfants. Trois autres naîtront par la suite.

Les quatre fils du couple se marièrent: Jean avec Marie-Anne Bouchard en 1690, François avec Marie Cécire en 1693, Louis avec Françoise Roy en 1697 et André en 1701 avec Jeanne Péladeau. Au total, une cinquantaine d'enfants naquirent à ces couples, à Montréal et

De nos jours, il ne reste plus de l'ancienne église de Marans que les ruines du croisillon nord, la base du clocher et l'amorce des murs du chœur. Jean Roy, un pionnier de Ville-Marie, y fut sans doute baptisé.

à Lachine; la moitié étaient des fils. C'est à Lachine que l'ancêtre décéda. Il avait occupé le poste de sergent royal.

De Bourgogne nous vint Antoine Roy dit Desjardins, fils d'Olivier, tonnelier, et de Catherine Boderge. Il arriva dans les rangs du régiment de Carignan (compagnie de Froment) en 1665. Sans doute en prévision de son licenciement, il obtint en 1667 une concession située dans la seigneurie de Batiscan, propriété des jésuites. L'année suivante, à Québec, il épouse une pupille du roi, Marie Major, fille de Jean, receveur de la baronnie de Hanqueville-en-Vexin, et de Marguerite Le Pelé. Elle est orpheline de père et de mère et apporte dans sa corbeille des biens estimés à 300 livres. Antoine verse dans la communauté son allocation d'ancien soldat, soit 100 livres.

Hélas! le couple ne roulera pas sur l'or. En 1681, Antoine n'a encore défriché que cinq arpents. Il accumule les dettes et est jeté en prison pour insolvabilité. Il part pour Montréal afin d'y exercer son métier de tonnelier. En juillet 1684, un habitant de Lachine, Julien Talua dit Vendamont, surgit chez le bailli Migeon de Branssat, à Montréal, et lui dit qu'il vient de tuer Antoine Roy, qu'il a surpris aux côtés de son épouse. Le meurtrier fut condamné à la peine capitale, puis élargi en attendant un second procès. On perd ensuite sa trace.

Le couple Roy/Major n'eut qu'un fils, Pierre, qui, en 1691, épousa Marie-Anne Martin, fille de Joachim et d'Anne-Charlotte Petit, qui lui donna neuf enfants. Il fut père d'au moins quatre autres à la faveur de deux autres unions.

De Touraine nous vint un autre Jean, fils d'Henri et de Perrine Bedassier, de Cerelles, près de Tours. Il fut domestique chez les sulpiciens, à Montréal, et eut sans doute l'occasion d'y exercer son métier de maître boucher. En 1672, il conduisit à l'autel Marie Demers, fille d'André et de Marie Chefdeville et veuve de Nicolas Nervaux dit Poitou. Sept enfants naquirent de cette union, dont cinq fils.

Simon Roy, qui périt aux mains des Iroquois en même temps que Lambert Closse, était originaire de Ligron, ancienne province du Maine, dont voici l'église. Ligron est à une dizaine de kilomètres au nord-est de La Flèche (Sarthe).

Trois de ceux-ci semblent être décédés dans leur jeunesse. On ne sait ce qu'il advint du benjamin, Bernardin, mais l'autre, Laurent, fonda une famille en 1712 avec Angélique Louineau, fille de Pierre et de Marie Bertin. Ce couple eut huit enfants dont six ne vécurent que quelques mois. Les deux autres se marièrent à leur tour, dont Ignace, qui épousa, en 1743, Marie-Louise Laroche, mais décéda l'année suivante, sans progéniture.

Terminons cette énumération des ancêtres Roy avec un Breton, prénommé Yves, personne ne s'en étonnera! Fils de François et de Jeanne Deauteau, il était de la paroisse Saint-Nicolas-de-la-Campagne, à Nantes.

C'est en qualité de soldat qu'il franchit l'Atlantique. Il faisait partie de la compagnie de Troyes. À Longueuil, en 1688, il épousa Marie Colin, fille de Mathurin et de Jacqueline Labbé. Le couple s'établit à Boucherville, puis à Montréal. Il eut sept enfants dont deux fils, l'un ne vécut que quelques semaines et l'autre décéda à huit ans. La descendance ne fut assurée que du côté féminin: Marie-Angélique épousa Guillaume-Alexandre Jourdain en 1709 et Marie-Anne, Louis Mercier en 1729.

Au cours du XVIIIe siècle et avant la fin du Régime français, une demi-douzaine d'autres Roy fondèrent des foyers en Nouvelle-France. Ils étaient originaires du Poitou, de Flandre, d'Aunis et de Saintonge.

Chez les Sarrazin :
deux médecins dès le XVIIe siècle

Au cours du XVIIe siècle, deux personnages portant le patronyme Sarrazin sont venus en Nouvelle-France, l'un de Paris et l'autre de Bourgogne, et ils étaient médecins.

Nicolas Sarrazin, fils de Nicolas et de Nicole Héron, était originaire de la paroisse Saint-Gervais, à Paris. L'église est placée sous le double vocable de saint Gervais et saint Protais, deux jumeaux martyrisés au temps de Néron. C'est la troisième érigée sur son emplacement. Louis XIII en posa la première pierre en 1616 et elle ne fut terminée qu'en 1657. Ce monument retient l'attention de tous les amateurs d'architecture. Sa façade, que culmine un fronton curviligne, suscita l'admiration de Voltaire. On peut s'y rendre par le métro (station Hôtel-de-Ville). On y trouve de nombreuses œuvres d'art car elle fut longtemps l'une des plus riches du Marais.

C'est le généalogiste Cyprien Tanguay qui dit de Nicolas qu'il était médecin. Le 2 avril 1680, Nicolas signe un contrat de mariage par-devant le notaire Gilles Rageot, avec Marie-Catherine Blondeau, fille de François et de Nicole Rolland. L'abbé Charles Glandelet, alors second assistant du supérieur du séminaire de Québec et futur chanoine, bénit l'union le 23 du même mois. C'est le deuxième acte de mariage qui figure dans les registres de la paroisse

Saint-Charles de Charlesbourg, même si celle-ci ne devait être érigée canoniquement qu'en 1693. Le marié déclare être âgé de 25 ans.

C'est à Montmagny que naquirent les six premiers enfants du couple. Lors du recensement de 1681, le colon met quatre arpents en valeur dans la seigneurie de Bellechasse et possède deux bêtes à cornes. Un premier fils, Joseph, est né; on sait peu de chose à son sujet, sauf qu'à l'exemple de beaucoup de jeunes de son époque, il fut un engagé de l'Ouest de juillet 1702 à mai 1705, selon le généalogiste René Jetté. On n'en connaît guère plus du suivant, Nicolas, à part sa date de naissance (28 juillet 1682); on peut croire qu'il décéda tout jeune, car son prénom fut donné en 1686 à un autre fils.

Les dictionnaires généalogiques nous disent que le troisième, Pierre, prit le surnom de Dépelteau; ce ne fut sans doute pas le fruit du hasard, car sa grand-mère mater-

La façade de l'église Saint-Gervais-Saint-Protais s'orne de huit colonnes doriques au rez-de-chaussée, de huit colonnes ioniques au premier et, au deuxième, de quatre colonnes corinthiennes qui supportent un fronton curviligne.

nelle, née Rolland, était dite d'Assinville ou Despelletaux ; elle était la fille d'un gouverneur de Nancy. Le 15 novembre 1717, à Montréal, Pierre épousait Marguerite Leduc, fille de Jean et de Marguerite Desroches. Le couple se fixa à Lachine et eut une douzaine d'enfants ; trois des fils fondèrent des familles. L'un des fils, Nicolas, se joignit en 1751 à six compagnons de Châteauguay, de Pointe-Claire, de Sorel, du Sault-au-Récollet et de l'île Perrot pour un voyage de traite aux Illinois.

C'est en 1686 que naquit le second Nicolas, le quatrième fils, qui conduisit à l'autel en 1715, à Montréal, Marie-Louise Juillet, fille de Louis et de Catherine Celle, de même que petite-fille de Blaise Juillet, un compagnon de Dollard des Ormeaux, qui se noya près de l'île Saint-Paul, en 1660, en partance pour aller au-devant des Iroquois. L'union demeura sans postérité.

Une fille née en 1688, Marie-Françoise, fut la cinquième enfant. Elle devait contracter deux mariages, le premier en 1706 avec Jacques Fréchet, et le second, vingt ans plus tard, avec Charles Desèvre dit Poitevin.

Louis fut le dernier enfant à voir le jour à Montmagny, en 1690. Les dictionnaires généalogiques ne disent rien d'autre à son sujet.

Peu après, la famille se fixe à Charlesbourg, où naîtront les quatre autres enfants. Le premier d'entre eux, François, né en 1692, se maria en 1713, à L'Ange-Gardien, avec Marie-Madeleine Goulet, fille d'Antoine et de Marie-Madeleine Guyon. Le couple eut quatorze enfants, les premiers nés à L'Ange-Gardien et les autres, dans l'île Jésus, qui ne comptait encore qu'une seule paroisse, Saint-François-de-Sales, depuis 1702. Le fils suivant, Thomas, qui vit le jour en 1695, conduisit à l'autel en 1716, à Charlesbourg, Marie-Agathe Choret, fille de Pierre et de Marie-Madeleine Giroux. Le couple s'établit à Montréal et eut une dizaine d'enfants. On ne sait pas ce qu'il advint d'un autre fils, Jean-Baptiste, né en 1697. La dernière enfant, une fille, Geneviève, décéda au berceau.

Le docteur Michel Sarrazin, selon un dessin de C. W. Jefferys. Il fut réputé comme naturaliste, plus particulièrement dans les domaines de la botanique et de la minéralogie.

L'ancêtre Nicolas mourut à Charlesbourg en 1701. Sa veuve se remaria la même année à Pierre Jean dit Godon, à qui elle donna trois enfants.

L'autre docteur Sarrazin, arrivé au XVIIᵉ siècle, n'a pas de descendants mâles de ce côté-ci de l'Atlantique, mais il a joué un rôle si important en Nouvelle-France que nous ne saurions pour cela l'ignorer.

Né à Nuits-Saint-Georges, en Bourgogne, Michel Sarrazin arriva en 1685 en qualité de chirurgien de la Marine. L'année suivante, le gouverneur le nomme chirurgien-major des troupes. Le 20 juillet 1712, à Montréal, il épouse Marie-Anne Hazeur, fille de François, un éminent marchand de Québec, et d'Anne Soumande. Le couple eut plusieurs enfants. Certains décédèrent en bas âge. Deux fils, Joseph-Michel et Claude-Michel, passèrent en France. Le premier voulait y poursuivre des études médicales, mais la petite vérole le faucha. Le second se destinait au sacerdoce; il embrassa plutôt la carrière militaire et décéda à Paris en 1809. Au moins une fille se maria en Nouvelle-France, Louise-Charlotte, qui joignit sa destinée à celle de Jean-Hippolyte Gaultier de Varennes, à Sainte-Foy, le 5 février 1746.

Le docteur Michel Sarrazin, disions-nous, s'acquit une enviable renommée. Il pratiqua son art tout au long de son existence et devait être fort habile chirurgien car, en l'année 1700, il opéra la sœur Marie Barbier, qui souffrait d'un cancer: elle vécut jusqu'en 1739. C'est elle qui avait succédé à Marguerite Bourgeoys comme supérieure générale de la Congrégation de Notre-Dame.

Le Dr Sarrazin fut membre du Conseil supérieur et correspondant de l'Académie des Sciences. Il se distingua non seulement comme médecin, mais comme botaniste et minéralogiste. Une inscription rappelle sa mémoire depuis 1957 au Jardin zoologique de Québec et son nom est gravé dans un mur de l'ancien Musée de la France d'Outre-Mer, à Paris, parmi ceux d'une centaine de personnages qui ont «étendu l'empire du génie de la France et fait aimer son nom au-delà des mers».

Les Savard trouvent leurs racines en banlieue parisienne

De toutes les anciennes communes qui encerclent Paris, Montreuil-sous-Bois est probablement celle d'où il nous est venu le plus de pionniers. Nous en avons repéré cinq. On ne connaît que peu de chose de Valentin de Rennes, décédé à Québec en 1648. Par ailleurs, les autres ont élevé des familles: Martin Prévost, Gaston Guay, Simon Savard et Nicolas Durand. Nous avons déjà traité des deux premiers; évoquons cette fois la figure du maître charron Simon Savard.

C'est vers 1654 que Simon épousa, dans son bourg natal, Marie Ourdouil. Jusque-là, il ne songeait pas à tenter fortune en Nouvelle-France. Il avait acheté de son futur beau-frère, Eustache Ourdouil, une chaumière où il prévoyait élever sa famille. C'est en 1663 qu'il franchit l'Atlantique, sans doute dans des conditions indescriptibles. Cette année-là, plusieurs voiliers entrèrent dans la rade de Québec: ils y amenaient les compagnies du régiment de Carignan-Salières.

Deux vaisseaux, le *Jardin de Hollande* et l'*Aigle d'Or*, sortirent ensemble du port de La Rochelle. Le premier fit un crochet par Plaisance (Terre-Neuve) pour débarquer 75 malades (après avoir jeté une soixantaine de morts à la mer) et y prendre à son bord plusieurs prisonniers parmi lesquels, pensait-on, se trouvaient les meurtriers du commandant et de l'aumônier de la place. À Québec, il fallut hospitaliser une quarantaine d'autres malades. Au nombre des passagers se trouvaient, dit un document du Conseil souverain, un total de six familles. On peut croire que celle de Simon Savard était du nombre. Le gouverneur et le vicaire apostolique, Mgr François de Laval, furent autorisés par le Conseil à subvenir aux besoins des plus démunis.

Le couple arriva à Québec avec cinq enfants, et dès le 5 février 1664, l'aînée, Denise, épousait le charpentier Abraham Fiset, à qui elle devait donner douze enfants. C'est là la souche unique de nos familles portant ce patronyme. Simon et les siens sont dans une telle indigence que, le 1er mars, il présente une requête au Conseil souverain afin d'être pourvu à même «les effets que le roi a envoyés pour le soulagement des nouveaux habitants». Malheureusement, il ne vivra plus que quelques mois. Le 26 janvier 1665, en effet, sa veuve contracte une seconde union, avec Jean Réaume dit de Paris. Elle décédera à Charlesbourg en 1703, à l'âge de 87 ans.

Lors du recensement de 1666, on trouve Jean Réaume et son épouse à Beaupré; habitent avec eux trois enfants de cette dernière: Simon, 11 ans, Jean, 8 ans, et Marie, 5 ans. C'est que, l'année précédente, Françoise-Madeleine a aussi fondé un foyer, avec Robert Jeanne. Le recensement de 1667 note la présence, également sur la côte de Beaupré, des couples Fiset/Savard et Jeanne/Savard, qui mettent en valeur 19 et 6 arpents, respectivement. Françoise-Madeleine n'est encore âgée que de seize ans. Elle devait être mère de six enfants.

Les deux fils Savard, Simon et Jean, devaient être prolifiques. Le premier épousa, à Sillery, en 1681, Françoise Tellier, fille d'Étienne et de Geneviève Mezeray. Le couple eut 14 enfants, dont neuf fils. Quatre de ceux-ci décédèrent soit en bas âge, soit au seuil de leur majorité. Les autres fondèrent des familles: Jean-François, en 1707, avec Marie-Marguerite Renaud, fille de Guillaume et de Marie de Lamarre; Jacques, en 1724, avec Marie-Ambroise Falardeau, fille de Guillaume et de Marie-Ambroise Bergevin; Jean-Baptiste, en 1730, avec Marie-Élisabeth Pénisson, fille de Jean et d'Élisabeth Cotin; Pierre, en 1731, avec Marie-Josèphe Bouchard, fille de François et de Marguerite Simard; et Charles, en 1751, avec Marie-Anne Bourbeau dite Carignan, fille de Louis et de Marguerite Boissel. Notons que Pierre se maria à la Baie-Saint-Paul et se fixa dans la région; il fut inhumé à l'île aux Coudres en 1780.

Au total, les cinq fils du couple Savard/Tellier lui donnèrent une vingtaine de petits-fils dont une dizaine fondèrent à leur tour des foyers. Les filles épousèrent de jeunes hommes portant les patronymes Estiambe, Drolet, Balan, Bourget, Courtois.

Le frère de Simon, Jean, contracta trois unions. En 1687, à L'Ange-Gardien, il conduisait à l'autel Marguerite

En 1988, les familles Savard ont dédié cette stèle à la mémoire du couple ancestral venu de Montreuil-sous-Bois. Elle est située rue Giroux, à Loretteville.

L'église de Montreuil-sous-Bois est un monument historique. Son chœur date du XIIIe siècle. C'était l'église paroissiale de Simon Savard et de Marie Ourdouil, qui passèrent en Nouvelle-France avec leurs cinq enfants.

Tremblay, fille du patriarche Pierre et d'Ozanne Achon, qui décéda sept ans plus tard, après lui avoir donné quatre enfants. Jean jeta alors son dévolu sur Apolline Bisson, fille de René et de Louise Valet, mais le contrat fut annulé. Il choisit plutôt Marie-Anne Sasseville, fille de Pierre et de Marie Seigneur, union qui fut bénie à Québec en 1674. Quatre autres enfants naquirent de ce mariage.

Devenu veuf une deuxième fois en 1703, Jean prenait une troisième épouse, trois mois plus tard, à Charlesbourg, Catherine Galarneau, fille de Jacques et de Jacqueline Héron et veuve de Jean Philippe dit Beaulieu, à qui elle avait donné sept enfants. Elle devait en présenter autant à son nouveau mari.

Des quinze enfants issus de ces trois unions, huit furent des fils, et au moins trois se marièrent à leur tour: Joseph (1711) avec Marie-Josèphe Morel, fille de Guillaume et de Catherine Pelletier, puis (1727) avec Catherine Allaire, fille de Charles et de Marie Bidet et veuve de Joseph Lavoie; Pierre (1715) avec Louise-Marguerite Dumont, fille de Jean et de Marguerite Morin; et Philippe (1729) avec Geneviève Gagné, fille d'Ignace et de Barbe Dodier. Il semble que seuls Joseph et Pierre eurent de la progéniture: près d'une trentaine d'enfants dont huit fils. Celles des filles qui devinrent adultes se laissèrent conter fleurette par de jeunes hommes appelés Berdin, Lavoie, Garnier.

Jean décéda à l'Hôtel-Dieu de Québec en 1715, et Simon, à Charlesbourg, deux ans plus tard. Presque tous leurs enfants furent baptisés soit à L'Ancienne-Lorette, soit à Charlesbourg. Ils avaient vu le jour au petit et au grand Saint-Antoine, deux villages situés le long de la petite rivière Saint-Charles. Lorsqu'en 1711, le procureur général Collet fit le tour des paroisses de la colonie pour entendre les doléances de la population, il ne trouva encore que six et treize familles, respectivement, établies dans ces deux bourgs.

En septembre 1988, les familles Savard ont dévoilé une stèle à la mémoire du couple ancestral venu de Montreuil-sous-Bois en Nouvelle-France. On peut la voir au numéro 170 de la rue Giroux, à Loretteville.

Nos familles Tanguay
sont d'origine bretonne

La municipalité de Saint-Vallier, située sur la rive droite du Saint-Laurent à une trentaine de kilomètres en aval de Lévis, se trouvait sur le territoire de l'ancienne seigneurie de La Durantaye concédée en 1672 à Olivier Morel de La Durantaye, alors commandant d'une compagnie des troupes de la Marine, à Québec. Il en légua la moitié à son fils, Louis-Joseph, qui la vendit aux religieuses de l'Hôpital Général de Québec.

C'est peu avant la fin du XVIIe siècle que les premiers colons s'y établirent, sur des concessions accordées par le premier seigneur, et au nombre d'entre eux figurait Jean Tanguay, dit La Navette, un Breton originaire de Ploudiry. C'est de nos jours une commune de près de mille habitants, située à huit kilomètres à l'est de Landerneau (Finistère). Son église, bien que reconstruite en l'an 1700, comporte une importante partie de l'ancienne, qui datait du XVIe siècle. Ainsi, son porche, classé monument historique, date de 1665, soit de la naissance de l'ancêtre Jean.

Le 24 janvier 1692, Jean Tanguay signe un contrat de mariage par-devant le notaire Étienne Jacob, qui exerçait sa profession dans la seigneurie de Beaupré, mais aussi dans l'île d'Orléans. L'autre partie est Marie Brochu, fille de Jean et de Nicole Saulnier. L'union fut bénie à Saint-Jean, île d'Orléans, le 6 février 1692, par l'abbé G.-T. Erbery, en présence de six témoins. La jeune femme comptait seize printemps.

Le couple vécut tout d'abord dans l'île d'Orléans. Un premier fils y naquit, mais ne vécut que quelques jours.

Le seigneur de La Durantaye s'employait à la mise en valeur de son domaine et recherchait de solides défricheurs. C'est ainsi que Jean alla s'y établir au cours des mois suivants, car le second fils y vit le jour dès le mois de mai 1694.

Pour résumer les débuts de la famille, nous ne saurions faire appel à une meilleure source que Mgr Cyprien Tanguay, que l'on a surnommé à juste titre le père de la généalogie au Québec. On sait qu'il est l'auteur d'un dictionnaire généalogique en sept volumes publiés entre 1871 et 1890. Les passionnés de généalogie lui doivent une fière chandelle!

Jean Tanguay fut père de dix enfants nés dans la partie de la seigneurie qui devint Saint-Vallier, dont la paroisse fut érigée en 1714. Le bourg qui s'y forma prit le nom de Mgr de Saint-Vallier, qui avait succédé à Mgr François de Laval comme évêque de Québec.

Le couple Tanguay/Brochu eut 11 enfants; huit fondèrent des foyers, dont cinq fils. Jean-Baptiste se maria deux fois, la première en 1722 avec Marie-Françoise Blais, fille de Pierre et de Françoise Beaudoin, et la deuxième en 1730 avec Marie Simard, fille de Joseph et de Marie Boivin; cinq et sept enfants naquirent de ces unions, respectivement.

Jacques épousa tout d'abord en 1729 Geneviève Mercier, fille de Pascal et de Marie-Madeleine Boucher, puis, en 1737, Catherine Élie, fille de Pierre et de Marie-Rosalie Pépin, et enfin, en 1758, Marie-Josèphe Laplante. Ce troisième mariage fut sans progéniture, mais six et sept enfants virent le jour au cours des deux premiers, respectivement. L'un des fils du premier lit, Jean-Baptiste, un milicien, décéda en 1756 au fort Saint-Frédéric, situé sur la Pointe-à-la-Chevelure (Crown Point, N.Y.).

René conduisit deux femmes à l'autel: en 1734, Rosalie Simard, sœur de Marie, mentionnée plus haut, et en 1747, Marie-Madeleine Cloutier, fille de François et d'Élisabeth Morisset; six et sept enfants résultèrent de ces unions, recpectivement.

En 1736, Jean-François choisit pour compagne Marguerite Boissonneau, fille de Jean et de Marguerite Choret; le couple eut onze enfants.

Le dernier des fils, André, joignit sa destinée en 1743 à celle de Marie-Josèphe Roy, fille d'Étienne et de Marie Cassé: 7 enfants.

Les trois filles qui fondèrent des foyers, Marie-Anne (1725), Isabelle-Élisabeth (1729) et Anne-Françoise (1734), le firent avec Jean-Baptiste Richard, J.-Augustin Élie et Nicolas Boissonneau.

Les Tanguay figurent au nombre des pionniers de Saint-Vallier. Lorsqu'en 1721, le procureur général Collet visite toutes les paroisses de la colonie pour prendre con-

La ferme «Clairguay», à Saint-Vallier. Son propriétaire, M. Clermont Tanguay, est de la neuvième génération. Bel exemple de fidélité au patrimoine familial!

naissance des sentiments de la population quant à la situation géographique des églises, Jean-Baptiste Tanguay, le fils de l'ancêtre Jean, figure au nombre des représentants des paroissiens.

En 1762, soit au tout début du Régime anglais, on a procédé à un recensement dans toutes les paroisses relevant du Gouvernement de Québec. On mentionne à Saint-Vallier trois chefs de famille répondant au nom de «Tangué», soit Joseph, Jacques et une veuve Tangué. Au total, ces familles ont 12 enfants, ensemencent 65 arpents et possèdent huit bœufs, 10 vaches, six jeunes taures ou taureaux, 16 moutons, six chevaux et huit porcs.

La terre que Jean Tanguay défricha à la fin du XVIIᵉ siècle et au début du XVIIIᵉ est demeurée propriété de la famille, de père en fils, depuis trois siècles. C'est aujourd'hui la ferme «Clairguay», à Saint-Vallier, que met en valeur M. Clermont Tanguay. Il est de la neuvième génération.

L'épellation Tanguay semble nous être particulière. Dans le *Répertoire des actes de baptême, mariage et sépulture*, on trouve Tangué mentionné dans l'acte de baptême de l'ancêtre Jean. Dans le premier tome de son *Dictionnaire généalogique des familles canadiennes*, le généalogiste Cyprien Tanguay écrit Tanguy dans le cas de l'ancêtre Jean, mais celui-ci et ses descendants deviennent des Tanguay dans le tome VII. L'*Inventaire des greffes des notaires du Régime français* (VII, p. 207) épelle le patronyme Tanguy, en ajoutant Tanguay entre parenthèses.

En fait, il y a tout lieu de croire que Jean était un Tanguy, car à l'époque de sa naissance, il existait plusieurs Tanguy à Ploudiry. Les dictionnaires étymologiques des noms de famille de France ne mentionnent pas Tanguay, mais Tanguy, qui serait une variante de Tanneguy. C'est un Tanneguy du Chastel qui tua Jean sans Peur en 1419.

Mgr Cyprien Tanguay, l'illustre auteur du premier dictionnaire généalogique des familles du Québec. Il existe des portraits plus récents, mais celui-ci illustrait le premier tome du monumental ouvrage, paru en 1871. La publication des six autres tomes s'échelonna jusqu'en 1890.

Soulignons pour terminer qu'il nous vint un Guillaume Tanguay de Plouer-sur-Rance, en Basse-Bretagne, peu avant la fin du Régime français, et qu'un Acadien, Nicolas Tanguay, ayant échappé à la déportation, se fixa à Saint-Vallier vers 1755.

Trois ancêtres Turcot venus du Poitou

L'île d'Orléans est un véritable musée de la vie ancestrale. Ici et là, des familles occupent des terres depuis plusieurs générations. Ainsi, au numéro 3530 du chemin Royal, à Sainte-Famille, un altier silo domine la localité : «Ferme J. Frs Turcotte», y lit-on. Juste au-dessous, près du chemin, une stèle comporte l'inscription suivante : «Hommage à notre ancêtre, Abel Turcault, maître farinier, venu de Mouilleron-en-Pareds en 1662, établi à Ste-Famille, I.O., en 1666. Les familles Turcotte, 17 juin 1979».

C'est là l'une des nombreuses stèles qui jalonnent le tour de l'île, à la mémoire de valeureux pionniers.

Nos Turcot et Turcotte descendent essentiellement de trois ancêtres arrivés au XVIIe siècle et qui furent fidèles à l'origine de leur patronyme. Celui-ci, en effet, aussi épelé Turcaud et Turcault, découlerait d'un nom d'Alsace, Turcq, qui, précédé d'un article, Leturcq, s'appliquait généralement à un homme qui avait effectué un voyage outre-mer, souvent à un croisé.

Selon l'ordre chronologique de leur mariage, Jean Turcot, Abel Turcault et un second Turcot prénommé Jean venaient respectivement de Fontenay-le-Comte, de Mouilleron-en-Pareds et de Chavagnes-en-Paillers, en Poitou.

275

Hélas! le premier Jean Turcot, originaire de Fontenay-le-Comte, n'eut qu'un fils avant de décéder tragiquement. En 1651, il avait épousé Françoise Capel, fille de Julien et de Laurence Lecomte, une Normande de Cesny-aux-Vignes, près de Caen. Le couple n'eut qu'un fils, Jacques, né le 4 septembre 1652, aux Trois-Rivières, quelques jours après la capture de son père par les Iroquois. Le 19 août, en effet, le gouverneur de la place, Duplessis-Kerbodot, était allé au-devant des Iroquois pour venger la mort de quatre Français, à la tête d'une escouade formée de soldats et de colons, dont Jean Turcot. L'aventure s'était soldée par un véritable carnage et Jean était au nombre des prisonniers, qui furent sans doute torturés.

Le fils, Jacques, qui était charpentier, fonda un foyer en 1674 avec Anne Desrosiers, fille d'Antoine et d'Anne LeNeuf. Il devait être père de onze enfants dont huit se marièrent à leur tour, dont trois fils: Alexis en 1709 avec Marie-Madeleine Dubord, fille de Guillien et de Catherine Guérard (13 enfants), Antoine en 1725 avec Agathe Arsenault, fille de Michel et de Marie-Madeleine Leblanc (12 enfants), et Joseph en 1731 avec Madeleine Caillia (ou Caya), fille de Pierre et de Thérèse Houré (4 enfants). Les filles de Jacques s'allièrent à des colons portant les patronymes Rivard, Toupin, Bigot, Dubord.

Jacques Turcot fut non seulement un habitant fort à l'aise (propriétaire à un certain moment de quatre fermes), mais il ne manquait pas d'instruction. Il possédait une petite bibliothèque et avait acquis quelques connaissances dans le domaine du droit en *plaidant* devant le Conseil souverain. En 1691, il reçut une commission en qualité de juge bailli de la seigneurie de Champlain. Il décéda en 1699, âgé de 47 ans.

Évoquons maintenant la mémoire d'Abel Turcot (Turcault), un pionnier de l'île d'Orléans. Il venait, avons-nous dit, de Mouilleron-en-Pareds, qui est de nos jours une commune située dans l'arrondissement de Fontenay-le-Comte, lieu d'origine du colon précédent.

Fontenay-le-Comte, capitale du bas Poitou, s'étale sur les deux rives de la Vendée, sur la N 148, à 32 km au nord-ouest de Niort, et la vieille ville possède plusieurs maisons des XVIe et XVIIe siècles. Son église Notre-Dame est dotée d'un beau clocher (XVIe s.) et d'un portail de style flamboyant. De là, la D 938ter conduit jusqu'à La Châtaigneraie (22 km), d'où la D 949bis atteint, direction ouest, Mouilleron-en-Pareds (10 km).

Si Abel Turcot nous est venu de Mouilleron-en-Pareds, c'est à Fontenay-le-Comte qu'il avait vu le jour. Le 27 novembre 1662, l'abbé Thomas Morel, qui desservait la côte de Beaupré, bénit son mariage avec Marie Giraux, originaire de La Tremblade, un bourg des environs de La Rochelle. C'est au Château-Richer que l'union fut célébrée, et c'est là que naquirent les deux premiers enfants du couple. Abel était à l'emploi de Mgr François de Laval.

Au numéro 3530 du chemin Royal, à Sainte-Famille, île d'Orléans, cette maison ancestrale orne la terre sur laquelle l'ancêtre Abel Turcault éleva sa famille.

Lors du recensement de 1666, la famille est établie dans l'île d'Orléans et a quatre domestiques à son service, car le père gère l'exploitation d'une ferme dont 50 arpents sont en valeur et qui compte 14 têtes de bétail. Par ailleurs, il exerce son métier de meunier au service de Mgr de Laval, ce qui lui vaudra le titre élégant de maître farinier.

Le couple Turcot/Giraud eut huit enfants qui tous fondèrent des foyers. L'aîné, François, épousa en 1688 Marguerite Ouimet, fille de Jean et de Renée Gagnon, qui lui donna neuf enfants, dont six fils. Louis, le benjamin, conduisit à l'autel, en 1706, Marguerite Lepage, fille de Louis et de Sébastienne Loignon (5 enfants dont 3 fils), puis contracta une seconde union, en 1721, avec Angélique Plante, fille de Claude et de Marie Patenaude (12 enfants dont 6 fils).

Les six filles qui virent le jour entre l'aîné et le benjamin joignirent leur destinée à celle d'autant de jeunes hommes: Marie/Noël Charland (1682), Geneviève/Antoine Bilodeau (1685), Françoise/Jacques Plante (1686), Anne/Simon Bilodeau (1689), Renée/Nicolas Asselin (1703) et Marie-Madeleine/Pierre Lepage (1700).

L'autre ancêtre arrivé au XVIIe siècle était lui aussi poitevin. Il était originaire de Chavagnes-en-Paillers, un bourg devenu une commune de près de 3 000 habitants, située à toute proximité de la N 157, à un peu moins de 50 km au sud de Nantes. Jean Turcot, fils d'Antoine et de Jeanne Mandin, était en Nouvelle-France lors du recensement de 1667. En 1688, il conduisait à l'autel, à Québec, Marie Rose, fille de Noël et de Marie Montminy. Le couple eut neuf enfants et, après la naissance du troisième, se fixa dans le village de Saint-Bernard, à Charlesbourg.

Trois fils fondèrent des foyers: Jean-François (1716) avec Marie-Anne Martin, fille d'Antoine et de Jeanne Cadieux (10 enfants dont 5 fils), Louis Gabriel (1726) avec Marie-Angélique Pigeon (9 enfants dont 6 fils) et Pierre

En 1979, les familles Turcotte dévoilèrent cette stèle rappelant la mémoire de l'ancêtre poitevin Abel Turcault.

(1717) avec Marie Saint-Aubin, fille d'Adrien et de Jeanne-Marguerite Beloy (une fille), puis avec Geneviève Martin, fille de François et de Catherine Goyer (2 fils). Les trois frères s'établirent à Saint-Laurent, (île de Montréal), et c'est là que décéda leur père en 1729, à l'âge plus que vénérable de 110 ans! C'est ce que précise son acte de sépulture.

Chez les Vaillancourt,
un père de 32 enfants!

Tous les chercheurs que la généalogie passionne savent à quel point l'épellation des patronymes a varié au fil des générations. Ce fut le cas des Vaillancourt, dont l'ancêtre arrivé au XVIIe siècle portait le nom de Villencourt. Les registres le citent avec beaucoup de fantaisie: Villemourt, Veliancour, Villancour, etc. Lors du recensement de 1681, il est devenu un Liancour! C'est plus tard que le patronyme prit définitivement sa forme actuelle.

Lorsqu'en 1666, les recenseurs de l'intendant Talon visitent toutes les chaumières de la côte de Beaupré, ils notent la présence, chez le boulanger et tailleur d'habits Guillaume Thibault, d'un domestique, un certain Robert «Villemonet», qui se déclare chaudronnier. Or, l'année suivante, toujours sous le même toit se trouve le domestique Robert «Vilancourt», qui seconde Thibault dans la mise en valeur de 15 arpents. C'est sans doute la même personne.

Fils de Robert et de Jacqueline Papin, Robert Vaillancourt était originaire de Saint-Nicolas d'Aliermont, où il avait reçu le baptême le 3 octobre 1644. Cette commune de la Seine-Maritime est située dans l'arrondissement de Dieppe. Elle compte de nos jours plus de 4 000 habitants et est située sur la petite D 56, qui va de Neufchâtel-en-Bray jusqu'à Arc-la-Bataille, qui n'est qu'à un peu plus de 12 kilomètres au sud-est de Dieppe. Pour repérer Saint-Nicolas d'Aliermont sur les cartes, suivre la D 1 depuis Dieppe jusqu'à Arc-la-Bataille, où débute la D 56; la commune n'est qu'à 6 kilomètres de là.

En 1668, Robert Vaillancourt fondait un foyer avec Marie Gobeil, fille de Jean et de Jeanne Guyet, du Château-Richer. Le couple signa un contrat de mariage par-devant le notaire Auber le 30 septembre et la bénédiction nuptiale lui fut donnée quelques semaines plus tard, mais à une date inconnue, car les registres paroissiaux ne mentionnent que l'année dans le cas des unions célébrées entre novembre 1667 et le même mois de 1669.

Les parents de la mariée étaient originaires de Niort et ils avaient émigré en Nouvelle-France avec quatre ou cinq enfants, dont Marie, qui était née vers 1655. Notons que deux sœurs de celle-ci, Jeanne-Angélique et Catherine, allaient être plus tard domestiques chez le riche marchand montréalais Jacques LeBer, frère de la célèbre recluse.

Le couple Vaillancourt/Gobeil devait porter douze enfants au baptême, dont sept fils. Tous, à une exception près, naquirent dans la paroisse de Sainte-Famille, île d'Orléans, où Robert avait obtenu une terre peu après son mariage, soit le 28 octobre 1669. Dix jours plus tard, les beaux-parents s'étaient portés acquéreurs d'une concession voisine.

Seul le fils aîné de la famille ne fonda pas de foyer, mais les six autres contractèrent des unions dont naquirent près d'une cinquantaine d'enfants.

Jean épousa, en 1701, Marie-Charlotte Huot, fille de Nicolas et de Marie Fayet. Il décéda prématurément en 1703, père d'un seul fils.

Robert devait conduire trois femmes à l'autel. Tout d'abord (1704) Geneviève Destroismaisons, fille de Philippe et de Martine Crosnier, puis (1711) Marie-Anne Durand, fille de Nicolas et de Catherine Huot; enfin (1714) Marie-Simone Lamy, fille de Pierre et de Marie Suard; un

Sur la terre ancestrale des Vaillancourt, à Sainte-Famille, île d'Orléans, se trouve de nos jours une belle maison patrimoniale devant laquelle se dresse une croix rendant hommage au couple Vaillancourt/Gobeil.

seul fils naquit du deuxième mariage, mais les premier et troisième furent plus prolifiques : cinq et douze enfants respectivement. C'est à L'Islet que Robert s'était établi.

Puis, c'est Paul qui fonda un foyer, en 1705, avec Marguerite Guillot, fille de Vincent et d'Élisabeth Blais, qui lui donna dix enfants. C'est sans doute lui qui demeura sur la terre paternelle, car c'est là que ceux-ci virent le jour.

En 1707, Joseph choisissait pour compagne Marie Muloin, fille de Jean et de Marguerite Forget : cinq fils et six filles. Tous les fils se marièrent à leur tour, et l'un d'eux, Jean, à quatre reprises. Le couple Vaillancourt/Muloin éleva sa famille à Saint-François, île Jésus, et à Lachenaie.

François contracta deux unions, la première (1713) avec Marie-Marguerite Lorrain, fille de Pierre et de Marie Matou, puis (1730) avec Marie-Josèphe Corbeil, fille d'André et de Charlotte Poutré dite Lavigne ; quatre fils et trois filles naquirent du premier lit et trois fils du deuxième. François s'était fixé à Rivière-des-Prairies.

Enfin, Bernard conduisit à l'autel, en 1714, Geneviève Bergeron, fille d'André et de Marguerite Demers, qui lui donna trois fils et quatre filles; ils furent tous baptisés à Saint-Nicolas, Lotbinière et Sainte-Croix.

Lors du recensement de 1681, Robert «de Liancour» habite toujours l'île d'Orléans. Il cultive sept arpents et possède deux bêtes à cornes. Est-ce un incessant labeur qui eut raison de sa santé? Il fit un premier séjour à l'Hôtel-Dieu de Québec en 1695 et y retourna trois ans plus tard. Il décéda le 8 juin 1699, peu avant son cinquante-cinquième anniversaire. Demeurée veuve avec plusieurs enfants, Marie Gobeil demanda le choix d'un tuteur. C'est à elle que fut confiée l'éducation des enfants, avec l'aide d'un subrogé-tuteur. Le père avait-il pratiqué son métier de chaudronnier quelque peu au détriment de la mise en valeur de sa terre? L'inventaire de ses biens révèle un bien-fonds peu

Sur la terre ancestrale de la famille, les descendants du couple Vaillancourt/Gobeil ont érigé cette stèle au pied d'une croix en hommage à ces pionniers.

exploité et doté d'une vieille maison; par contre, il s'y trouve une enclume, des marteaux et de grands ciseaux de chaudronnier.

Le couple Vaillancourt/Gobeil, avons-nous signalé, eut cinq filles. Marie-Anne épousa René Béchard, Marie donna quatre enfants à Jean-Baptiste Michaud, Louise devint la compagne de Pierre Dumas, Marie-Charlotte, celle de Jacques Plante et Jeanne (Angélique), celle d'Ignace Bélanger.

En 1954, le nom de Robert Vaillancourt fut donné à une rue de Saint-Nicolas d'Aliermont, suite à une visite de M. Émile Vaillancourt, alors ambassadeur du Canada en Yougoslavie, qui fut fait citoyen d'honneur de la commune.

Ceux qui s'intéressent à la géographie rurale du Québec disent que la conception parcellaire du rang nous vient de la Normandie et ils ont souvent recours à des photos aériennes de Saint-Nicolas-d'Aliermont pour l'illustrer.

Chez les Vaillancourt, la prolificité se légua sans doute de génération en génération. Ainsi, en 1955, *La Presse* citait le cas d'un citoyen de Fall River, Mass., Napoléon Vaillancourt, originaire de la région du Saguenay, encore alerte à l'âge de 90 ans, et qui avait été le père de 32 enfants issus de trois mariages!

Mathurin Villeneuve,
prolifique pionnier de Charlesbourg

L'île de Ré, située au large de Rochefort, a été une véritable pépinière de colons pour la Nouvelle-France. Il nous en est venu plus d'une centaine de pionniers et de pionnières, et nous avons déjà évoqué la mémoire de certains d'entre eux. Cette fois, c'est à Mathurin Villeneuve que nous donnerons la vedette.

Mathurin était tonnelier, le fils de Mathieu et de Jeanne Chausset. Ceux-ci s'étaient mariés à Sainte-Marie-de-Ré en 1643, Jeanne apportant dans sa corbeille des deniers et meubles représentant 26 livres tournois et la moitié indivise de cinq pièces de vignes et de terre. La production du vin était l'industrie principale de l'île. Mathurin naquit vers 1647, si l'on se base sur l'âge qu'il donna aux recenseurs en 1666 et en 1681.

En 1664, Mathurin vend cinq pièces de vignes, probablement celles déjà mentionnées, à Jacques Veillon, un marchand du bourg de La Flotte, pour la somme de 62 livres tournois que l'acquéreur s'engage à verser à la prochaine fête de Saint-Luc. C'est sans doute parce que le vendeur a déjà décidé de s'embarquer pour la Nouvelle-France. En effet, dès le recensement de 1666, on le trouve sur la côte de Beaupré où il contribue, avec quatre autres

Façade de l'église de Sainte-Marie-de-Ré, paroisse de la famille de Mathurin Villeneuve.

engagés, à mettre en valeur une terre appartenant à un membre du Conseil souverain, Simon Denys de la Trinité.

Mathurin ne tarda pas à s'installer sur sa propre concession, à Charlesbourg. Il choisit pour compagne de vie une jeune fille née à Montréal, Marguerite Lemarché dite Laroche, fille de Jean et de Catherine Hurault. Jean Lemarché, originaire de Paris, était venu à Ville-Marie avec les laboureurs et artisans recrutés par Jérôme Le Royer de La Dauversière et Chomedey de Maisonneuve en 1653.

C'est le 26 novembre 1669 que le couple reçut la bénédiction nuptiale. Elle avait douze ans et lui, vingt-deux. Douze enfants naquirent de l'union, dont sept fils. Tout d'abord, deux filles, Marie et Marie-Jeanne. La première décéda au berceau. La seconde devint en 1664 l'épouse d'Étienne Bédard puis, en 1704, celle de Simon Courtois. Puis survinrent cinq fils. Pierre décéda à l'âge de quatre mois. Un second Pierre mourut alors qu'il allait atteindre la vingtaine, mais il ne semble pas avoir fondé de foyer. Charles, né en 1681, conduisit à l'autel, en 1703, Marie-Renée Allard, fille de François et de Jeanne Languille, qui lui donna treize enfants dont six fils. Jacques, né en 1684, épousa, en 1708, Anne Chalifou, fille de Pierre et d'Anne Magnan, et fut père de onze enfants dont sept fils. Le cinquième des fils, Jean-François, ne vécut qu'un mois.

Deux filles s'ajoutèrent ensuite à la famille, séparées par un bébé qui fut simplement ondoyé. Marie-Anne jeta son dévolu, en 1706, sur un jeune Anglais, Claude Thomas, qui avait été fait prisonnier en Nouvelle-Angleterre, en 1689, lors de raids menés par des Français et des Abénaquis: treize enfants dont cinq fils. L'enfant suivante, Marie-Marguerite, décéda au berceau. Enfin, des jumeaux, Jean-Baptiste et Étienne, virent le jour en 1696; l'un vécut moins de deux mois, et peut-être l'autre l'avait-il précédé dans la tombe, car on n'a pas retrouvé sa trace.

Le cardinal Villeneuve a répandu ses vœux et ses bénédictions sur le berceau de ses ancêtres lors d'une visite en 1935.

C'est à la Petite-Auvergne, un secteur de Charlesbourg, que le couple Villeneuve-Lemarché s'était fixé. Lors du recensement de 1681, il met dix arpents en valeur et possède cinq bêtes à cornes. C'est vers 1665 que l'intendant Talon entreprend, grâce à un mandat qu'il détient du roi, d'implanter de trente à quarante hameaux. C'est ainsi qu'en 1681, on dénombre déjà quelque 600 habitants dans la communauté dont Charlesbourg et son trait-carré constituent le centre et qui regroupe Bourg-Royal, la Petite-Auvergne et les villages de Saint-Claude, de Saint-Bernard et de Saint-Joseph. Fait à noter, les terres de Charlesbourg, de Bourg-Royal et de la Petite-Auvergne sont des triangles isocèles et scalènes disposés autour d'une église.

Cet arrondissement historique est parsemé de vénérables demeures. Or, la plus ancienne est la maison Villeneuve, à Charlesbourg-Ouest. Elle aurait été construite vers 1700, soit du vivant de l'ancêtre Mathurin, celui-ci étant décédé le 10 juillet 1715. Il était veuf depuis quatre ans.

En tout cas, on ne soupçonnera pas la famille Villeneuve de n'éprouver aucun attachement à l'égard de Charlesbourg. Non seulement tous les enfants du couple Villeneuve/Lemarché y ont-ils été baptisés, mais aussi, tous leurs petits-enfants, soit près d'une cinquantaine!

De tous les descendants de Mathurin, le cardinal Rodrigue Villeneuve, primat de l'Église canadienne, est sans doute le plus célèbre. Le 19 octobre 1935, le conseil municipal de Sainte-Marie-de-Ré tenait une séance extraordinaire, car le personnage, qui était aussi grand-croix de la Légion d'honneur, se proposait de visiter le bourg de son ancêtre après avoir été reçu officiellement à Paris, à La Rochelle et à Rochefort.

Le maire, M. Émile Naud, exposa «les raisons de hautes convenances, de relations internationales, diplomatiques et commerciales» qui militaient en faveur d'un accueil officiel. Prévoyait-il l'objection de quelque conseiller anticlérical? Il eut recours à un vote secret et eut «la grosse satisfaction d'être approuvé par onze voix contre un bulletin blanc».

La réception se déroula sans heurts, puis on escorta le cardinal jusqu'à la porte de l'église «où chacun retrouva sa liberté d'action». Nous avons consulté les procès-verbaux des assemblées du conseil. Avant de quitter la mairie, le cardinal apposa sa signature au livre d'or avec les mots suivants: «Sur le berceau de mes ancêtres, je répands mes vœux et bénédictions». Et le 14 novembre, le conseil ratifiait la décision du maire de lui décerner le titre de citoyen d'honneur de la commune.

Depuis ce moment, la rue qui conduit à la place située devant l'église porte le nom du pionnier: rue Mathurin Villeneuve.

De nos jours, la rue qui conduit à la place située devant l'église porte le nom de l'ancêtre Mathurin.

Notons pour terminer que les *Mémoires* de la Société généalogique canadienne-française ont publié les textes de onze contrats notariés passés en France, ayant trait au père, au grand-père et au trisaïeul de l'ancêtre Mathurin, ainsi qu'à lui-même (tome IV, pp. 111-118 et pp. 248-251).

Chez les Vincent:
origines lyonnaises et acadiennes

Deux des premiers Vincent venus en Nouvelle-France connurent hélas! une fin tragique, et assez similaire: ils perdirent la vie aux mains des Iroquois.

Jean Vincent, fils de Noël et de Catherine Dainy, était originaire d'Ambérac. Ce bourg est maintenant une petite commune du département de Charente, arrondissement d'Angoulême. C'est en qualité de soldat du régiment de Carignan qu'il franchit l'Atlantique, dans les rangs de la compagnie de Poitou que commandait le capitaine François de Tapie, de Monteil et de Clérac. Arrivé à Québec le 30 juin 1665, on retrouve sa compagnie à l'île d'Orléans au cours de l'hiver de 1666-67.

Lors du licenciement du régiment, il choisit de demeurer en Nouvelle-France. En 1670, il est établi au Bourg-la-Reine (Charlesbourg) et songe à fonder une famille. Il jette son dévolu sur une fille du roi arrivée cette année-là, Anne Rivière, originaire d'Angers. Elle apporte des biens estimés à 300 livres et bénéficie d'une dot royale de 50 livres. Mais, après la signature du contrat de mariage survient un malentendu: l'entente est annulée au mois d'août.

Jean est-il demeuré inconsolable? Il n'apparaît pas s'être marié. En 1684, on le retrouve à Lachine. À cette époque, quelques rares colons s'emploient au défrichement d'une pointe du lac Saint-Louis, là où se trouve la municipalité de Baie-d'Urfé. Or, en 1687, les registres de Sainte-Anne-du-Bout-de-l'Île (Sainte-Anne-de-Bellevue) s'ouvrent, au chapitre des décès, avec dix sépultures, dont celles de Jean Vincent et de sept compagnons, tous tués par les Iroquois. Une inscription apposée sur la façade de l'église de Sainte-Anne-de-Bellevue rappelle qu'en 1866, les dépouilles furent exhumées et inhumées de nouveau dans la crypte.

On n'a malheureusement peu de renseignements quant à l'autre Vincent, un soldat tué au combat par les Iroquois. On ne connaît même pas son prénom; lorsque le sulpicien Étienne Guyotte, quatrième curé d'office de Ville-Marie, rédigea l'acte de décès, le 12 juillet 1692, il oublia de le mentionner.

Joseph Vincent, époux de Marie Goupy, fut à peine plus heureux que les précédents. Décédé à Québec le 19 mars 1733, il n'eut même pas le bonheur de connaître son fils, Joseph-Toussaint, qui fut baptisé à Saint-Vallier le 2 novembre suivant.

C'est seulement en 1738, à Longueuil, qu'un Vincent fonda une famille dont les descendants allaient contribuer à l'essaimage du patronyme. Le 15 septembre de cette année-là, François Vincent, fils de François et de Catherine Clément, originaire du diocèse de Lyon, conduisait à l'autel Marguerite Tessier, fille de Jean-Baptiste et d'Élisabeth Renaud.

François devait jouir d'une excellente réputation. En effet, au nombre des témoins au mariage se trouvait Charles Le Moyne, baron de Longueuil, qui occupait alors le poste de major de Montréal, et qui allait devenir gouverneur de la ville et administrateur intérimaire de la Nouvelle-France. Il s'était fait accompagner par son fils, également

EN MÉMOIRE DE

CLAUDE DE LAMOTHE	40 ANS	PIERRE PETITEAU	20 ANS
JEAN-BAPTISTE LE SUEUR	21 ANS	PIERRE CAMUS	21 ANS
LOUIS JETS	24 ANS	JEAN VINCENT	45 ANS
PIERRE PERTHUIS	24 ANS	PIERRE BONNEAU	38 ANS
JEAN DE LALONDE	47 ANS	HENRI FROMAGEAU	27 ANS

HUIT DE CES DIX FRANÇAIS INHUMÉS DANS LE CIMETIÈRE DE LA
PAROISSE SAINT-LOUIS DU BOUT DE L'ÎLE (BAIE D'URFÉ) EN 1687
FURENT TUÉS LORS D'ESCARMOUCHES AVEC LES IROQUOIS. EN 1866,
LEURS DÉPOUILLES FURENT EXHUMÉES ET INHUMÉES À NOUVEAU
DANS LA CRYPTE DE L'ÉGLISE PAR GEORGES CHÈVREFILS,
CURÉ DE LA PAROISSE SAINTE-ANNE-DE-BELLEVUE.

ASSOCIATION FAMILLE LALONDE D'AMÉRIQUE
SEPTEMBRE 1987

Sur la façade de l'église de Sainte-Anne-de-Bellevue, cette inscription rappelle la mémoire de plusieurs victimes des Iroquois, dont Jean Vincent, massacré en 1687.

prénommé Charles, et par son épouse, la baronne Catherine-Charlotte de Grais.

Le curé Ysambart, qui bénit l'union, ne lésinait pas sur l'encre. Il mentionnait tous les témoins dans les actes de mariage. Certains comportent jusqu'à plus de vingt noms de cousins, d'amis, etc. Assistait aussi à la cérémonie le négociant et notaire François-Pierre Cherrier, qui avait épousé Perrine Ysambart; c'est sans doute à l'instigation de l'oncle de sa femme, le curé de Longueuil, qu'il avait franchi l'Atlantique deux ans plus tôt. Il exploitait un magasin situé tout près du presbytère.

Selon le généalogiste Tanguay, le couple Vincent/ Tessier eut dix enfants dont sept fils. L'un, Antoine, décéda à l'âge d'un peu plus d'un an. On ne sait si Louis, Amable et Jean-Baptiste se marièrent. Par contre, les trois autres fondèrent des foyers: François, en 1740, avec Marie-Josèphe Lajeunesse, Joseph-Marie, en 1774, avec Marie Bourdon et Pierre, en 1785, avec Élisabeth Brais. Les trois filles de la famille se laissèrent conduire à l'autel: Marie-Catherine (1756) par Joseph Viau, Marguerite (1758) par André Lamarre et Marie-Geneviève (1763) par François Adam.

Chez nos Vincent, certains sont d'origine acadienne, leurs ancêtres ayant fui les risques de la déportation ou étant parvenus après coup à trouver refuge dans la vallée du Saint-Laurent. Ainsi, en 1757, à Saint-Jean, île d'Orléans, l'Acadien Pierre Vincent, déjà veuf d'une Acadienne, Rose Bario, contracte une seconde union, avec Marie-Françoise Paquet, fille de Pierre et de Dorothée Plante.

Les réfugiés acadiens s'établirent tout d'abord dans le Bas-Saint-Laurent et la région de Québec, puis dans la grande région des Trois-Rivières, des deux côtés du fleuve, où ils devaient contribuer à l'essor d'une bonne quinzaine de localités, dont celle de Saint-Grégoire de Nicolet. Or, uniquement dans les registres de celle-ci, un patient chercheur a relevé 48 actes concernant les Vincent sur une période d'un siècle et demi.

Dès 1678, un recensement note la présence à Port-Royal d'un certain Pierre Vincent, père de quatre fils et de deux filles. Ce fut le premier du nom à s'établir en Acadie.

Dans la région de Montréal, au siècle dernier, deux membres des familles Vincent connurent une popularité méritée. Tout d'abord, Jos. Vincent, un solide gaillard originaire de Verchères, qui s'acquit une enviable réputation de sauveteur. Uniquement pendant la construction du pont Victoria, il sauva des eaux une quinzaine d'ouvriers. Plus

*À l'époque du mariage de l'ancêtre François Vincent avec Marguerite Tessier, le château des barons de Longueuil avait fière allure. Il fut partiellement détruit par un incendie en 1792 et on en récupéra la pierre, qui servit à la construction de la deuxième église. (Dessin de W. Décarie tiré de l'*Histoire de Longueuil *par Jodoin et Vincent.)*

tard, il obtint l'exclusivité du service de traversiers entre l'île de Montréal et l'île Sainte-Hélène. En 1875, l'*Opinion Publique* consacrait une page entière à ses mérites, donnant une liste de 21 autres personnes qu'il avait rescapées jusque là.

Mentionnons aussi J.-Arthur Vincent, le sculpteur à qui nous devons les statues de Jacques Cartier et de Pierre Le Moyne d'Iberville, dévoilées respectivement en 1893 et 1894. Hélas! il a fallu les remplacer par d'autres, identiques, car elles ne pouvaient plus supporter les rigueurs du climat. La statue de Cartier fut la première au monde érigée à la gloire du navigateur malouin, douze ans avant celle de Saint-Malo. Soulignons cependant que ce sculpteur ne semble pas avoir été un descendant des pionniers mentionnés plus haut, mais bien de Jean-Baptiste Jean, fils de Vincent Jean, qui fonda un foyer à Lachine en 1687. On disait du fils, explique-t-on, qu'il était le «Jean àVincent». C'est ainsi que ce qui était un prénom se serait muté en patronyme.

FAMILLES QUI ONT FAIT L'OBJET DE CHAPITRES
DANS LES TROIS PREMIERS TOMES

Tome 1

ARCHAMBAULT
AUBUT
BAILLARGEON
BOUCHER
CADIEUX
CHOUINARD
CLOUTIER
CROTEAU
DROUIN
DUGUAY
GAGNÉ
GAGNON
GAUDREAU
GAULIN
GIGUÈRE
GIROUX
GOSSELIN
GOULET
GRAVELLE
GUAY
GUIMOND
GUYON
HAINAULT
HAMEL
HÉBERT

HOUDE
LANDRY
LAPORTE
LARUE
LÉVESQUE
MATHIEU
MERCIER
MESSIER
MIGNAUX
MIVILLE
OUIMET
PARADIS
PELLETIER
PÉPIN
PERRON
POITRAS
PRÉFONTAINE
PRÉVOST
RIOU
SAINTE-MARIE
SIMARD
TESSIER
TREMBLAY
TRÉPANIER
TRUDELLE

Tome 2

ADAM
AYOTTE
BACON
BARBEAU
BARON
BEAULIEU
BEAUREGARD
BERTRAND
BISSON
BOIVIN
BOULAY
CAMPAGNA
CARON
CAUCHON
CHARRON
CHRÉTIEN
CONTANT
DAMOURS
DESLAURIERS
DRAPEAU
DUBOIS
DUFOUR
FALARDEAU
FILION
GAMACHE
GARAND
HUDON

LANGELIER
LANGEVIN
LAUZON
LECLERC
LEGAULT
LÉGER
LEMIEUX
LEMIRE
LEPAGE
LESSARD
LUSIGNAN
MAHEU
MARCOTTE
MASSON
PAQUET
PIGEON
PILON
PLANTE
POULIOT
PROTEAU
RACINE
ROULEAU
SAINDON
SYLVESTRE
TOUPIN
VACHON

Tome 3

ASSELIN	LANIEL
BASTIEN	LAVOIE
BEAUDRY	LEDUC
BÉLANGER	LEFEBVRE
BÉRUBÉ	LÉGARÉ
BOILY	LEMOINE
BROSSEAU	LESAGE
BRUNET	LÉTOURNEAU
CADOTTE	MARTEL
CHAPDELAINE	MARTIN
COURTEMANCHE	MASSICOTTE
CREVIER	MONETTE
DEMERS	NOËL
DUCHESNEAU	PAQUIN
DUPUIS	PINARD
DUQUET	PROULX
FOURNIER	QUINTAL
FRÉCHETTE	RICHARD
GAUTHIER	RIVARD
GIRARD	ROBICHAUD
GODIN	SÉGUIN
HARDY	THIBAULT
LALONDE	TOUSIGNANT
LANGLOIS	VIGER

LISTE DES FAMILLES DU PRÉSENT TOME (4)

Index onomastique

– D –

Dagenais, Françoise, 252
Dagenais, Marie-Madeleine, 100
Dagenais, Pierre, 252
Daignault, Sylvain, 91
Dainy, Catherine, 291
Dancosse, Catherine, 37
Dancosse, Françoise, 112
Dancosse, Pierre, 37, 150
Danet, Charles, 16
Danet, Marie-Charlotte, 16
Dania, Françoise, 92
Dania, Jean, 92
Daniau, Françoise, 157
Daniau, Jean, 157
Daniel, Catherine, 58
Danis, Nicolas, 142
Darley, F. C., 232
Da Silva, Dominique, 97
Da Silva, Élisabeth, 95
Da Silva, François, 95
Da Silva, Geneviève, 97
Da Silva, Jean-Baptiste, 95
Da Silva, Jean-Marie, 97, 98
Da Silva, Joseph, 94
Da Silva, Marie-Anne, 95
Da Silva, Marie-Jeanne, 97
Da Silva, Marie-Louise, 95
Da Silva, Marie-Madeleine, 95
Da Silva, Marie-Thérèse, 95
Da Silva, Pedro, 93, 95, 96, 98
Da Silva, Pierre, 95, 97
Dassylva, Martial, 94, 97
Daudet, Alphonse, 62
Daunay, Marie-Josèphe, 196
Daunay, Pierre, 196
Dauzé, Marie-Josèphe, 219
Dauzé, Pierre, 219
David, Angélique, 101
David, Anne, 103
David, Barthélemi, 100
David, Blaise, 103
David, Claude, 99, 100
David, David-Fleury, 102, 103
David, Guillaume, 99-102
David, Jacques, 99-101, 103
David, Jean, 103, 245
David, Jeanne, 103
David, Joseph, 100
David, Laurent-Olivier, 124
David, Louis-Basile, 102
David, Marguerite, 103
David, Marie, 103, 245
David, Michel, 100
Deauteau, Jeanne, 258
Deblois, Grégoire, 155
Décarie, W., 295
Deguire, Guillaume, 201
Delaunay, Françoise, 206
Delestre, Anne, 91
Delière, Marie-Louise, 124
Delomay, Marie-Anne, 238
Delugré, Angélique, 16
Demers, André, 257
Demers, Eustache, 118
Demers, Jean, 15
Demers, Marguerite, 15, 16, 252, 282
Demers, Marie, 118, 257
Demers, Michel, 124
Denaut, Pierre, 87
Deneault, Jean-Raymond, 87
Deniau, Charles, 92
Deniau, Charles-Marin, 59
Deniau, Jacques, 92
Deniau, Jean, 87, 88, 90
Deniau, Jean-Baptiste, 91
Deniau, Joseph, 92
Deniau, Marie, 91
Deniau, Marin, 87, 91, 92
Deniau, Pierre, 87, 91
Deniau, René, 90, 91
Denonville, marquis de, 104
Denoyon, Jacques, 54

Durand, Nicolas, 166, 264, 281
Duroy, Anne-Thérèse, 45
Duroy, Pierre, 45
Dussault, Jean-François, 16
Dussault, Marguerite, 16
Duteau, Madeleine, 182
Duval, Marie-Catherine, 58
Duval, Michelle, 184

– E –

Edmunds, Jean-Baptiste, 131
Élie, Catherine, 270
Élie, J.-Augustin, 271
Élie, Pierre, 270
Émard, Anne, 68, 73
Émard, Madeleine, 32, 44
Émond, Anne, 128
Émond, Augustin, 130
Émond, François, 128
Émond, Françoise, 156
Émond, Isaac, 128
Émond, Jean, 127
Émond, Jean-Baptiste, 130
Émond, Jeanne, 128
Émond, Joseph, 128-130
Émond, Marie-Madeleine, 128
Émond, Pierre, 128-131
Émond, René, 127, 128, 157
Émond, Robert, 128
Émond, Suzanne, 128
Énaud, Éléonore, 116
Erbery, G.-T., 270
Éripel, Marie, 35
Estèbe, Guillaume, 97
Espinay, Jean de l', 195
Espinay, Marie-Madeleine de l', 195
Estène, Marie-Madeleine, 122
Estiambe, Françoise, 68
Étienne, Marie-Charlotte, 107
Étienne, Philippe, 107

– F –

Fafard, Madeleine, 26
Fafard, Marie-Thérèse, 112
Falardeau, Guillaume, 266
Falardeau, Marie-Ambroise, 266
Fanef v. Phaneuf
Farneth v. Phaneuf
Farnsworth, Mathias, 220, 224
Farnsworth, Mathias, John, 221, 222
Faucher, Angélique, 238
Faucher, Nicolas, 238
Faucon, Marie, 252
Fauconnet, Marie, 58, 117
Fauque, Geneviève, 198
Faveron, Noël, 103
Favre, Marie-Josèphe, 108
Favreau, Charlotte, 12
Favreau, Nicolas, 12
Fayande, Jeanne, 181
Faye, Marie-Angélique, 252
Faye, Marie-Anne, 16
Fayet, Marie, 281
Félix, Marie-Victoire, 124
Ferland, François, 16, 68
Ferland, Geneviève, 68
Ferland, Marguerite, 68
Ferland, Marie-Madeleine, 16
Ferté, Guillaume, 139
Filiatrault, Louis, 245
Filiatrault, Marie-Anne, 245
Fillion, Michel, 237, 242, 246
Fillye, Pierre, 36
Firman, Anne, 193
Fiset, Abraham, 265
Fiset, Anne, 170
Fiset, Geneviève, 68
Fiset, Jean-Baptiste, 150
Fiset, Marie-Anne, 150
Fiset, Marie-Jeanne, 150
Flaniau, Marie, 184
Fleuret, Jean, 62

Jolivet, Aimé, 170
Jolivet, Marie-Françoise, 170
Jolliet, Claire, 135
Jolliet, Jean, 42
Jolliet, Louis, 42, 134, 193
Jolliet, Marie, 72
Jolliet, Zacharie, 193, 195
Jouanne, Jean, 238
Jouanne, Marie-Anne, 238
Jourdain, Guillaume-Alexandre, 258
Jourdain, Madeleine, 169
Jourdain, Marie-Anne, 152
Jourdain, Thomas, 152
Journeau, Jean-Baptiste, 12
Jousselot, Renée, 128
Joybert de Soulanges, Pierre-Jacques, 211
Juchereau, Jean, 181
Juchereau, Nicolas, 181
Juchereau, Noël, 54, 238
Juillet, Blaise, 261
Juillet, Louis, 161
Juillet, Marie-Louise, 261
Juin, Jeanne, 121
Julien, Nicolas, 37
Jutras, Catherine, 161
Jutras, Claude, 160, 161, 163
Jutras, Dominique, 160, 163
Jutras, Élisabeth, 161, 163
Jutras, Françoise, 161
Jutras, Jean-Baptiste, 161, 163
Jutras, Joseph, 161, 163
Jutras, Madeleine, 161
Jutras, Marie-Josèphe, 161
Jutras, Michel, 161, 163
Jutras, Pierre, 160, 161

– K –

Kaherienentha, Thérèse, 211
Kelley, Mary, 131

– L –

Labbé, Jacqueline, 258
Labelle, Madeleine, 245
Laberge, Anne, 169
La Berge, Catherine de, 167
La Berge, Charles, 168
La Berge, François, 168, 169
La Berge, Françoise, 166
La Berge, Gabriel, 169
La Berge, Geneviève, 166, 167, 169
La Berge, Guillaume, 168
La Berge, Jacques, 165, 168
La Berge, Jean-Baptiste, 168, 169
La Berge, Nicolas, 168
La Berge, Pierre, 168, 169
La Berge, Robert, 165-167, 169
La Berge, Timothée, 168
Labrecque, Pierre, 78
Labrosse, Raymond, 62
Lacoste, Jeanne, 38
La Dauphine, Barbe, 232
Lafaye, Marie, 127
Lafaye, Pierre, 127
Lafond-Mongrain, Charlotte, 145
Laforest, Catherine, 232
Laforest, Pierre, 232
Lafousse, le notaire, 106
Lafrance, Madeleine, 163
La Galissonnière, l'amiral de, 131
Lagou, Anne, 68
Lagrange, Jacqueline, 118
Lahaye, Jean, 27
Lahaye, Jeanne de, 55
Lahaye, Madeleine, 27
Lahaye, Simon de, 55
Laîné, Bernard, 97, 111
Laîné, Élisabeth, 97
Lajeunesse, Marie-Josèphe, 294
Lalande, Léonard, 228
Lalande, Marie-Marguerite, 228
Lalemant, Charles, 66

Morel, Marie-Josèphe, 267
Morel de La Durantaye, Olivier, 269
Morel, Pierre, 182
Morel, Thomas, 277
Moret, Perrine, 117
Morin, Agathe, 195
Morin, Alphonse, 193, 195
Morin, André, 198-200
Morin, Charles, 195, 198
Morin, Françoise, 198
Morin, Germain, 193
Morin, Jacques, 194, 195, 198, 201
Morin, Jean, 198, 200
Morin, Jean-Baptiste, 193, 196
Morin, Jeanne, 201
Morin, Joseph, 201
Morin, Louis, 196
Morin, Louise, 193, 201
Morin, Marguerite, 268
Morin, Marie, 193, 195
Morin, Marie-Anne, 193, 201
Morin, Marie-Catherine, 195
Morin, Marie-Madeleine, 195
Morin, Mathieu, 196
Morin, Noël, 191-193, 195
Morin, Pierre, 112, 195-199, 201
Morin, Pierre-Jean, 201
Morin, Siméon, 200
Morinet, Françoise, 106
Morisset, Élisabeth, 207, 271
Morisset, Geneviève, 207
Morisset, Gentien, 206
Morisset, Jean, 60, 203-205
Morisset, Jean-Baptiste, 206
Morisset, Marie, 156, 207
Morisset, Marie-Catherine, 207
Morisset, Marie-Charlotte, 207
Morisset, Marie-Jeanne, 60
Morisset, Marie-Madeleine, 207
Morisset, Mathurin, 204, 207

Morisset, Michel, 206
Morisset, Nicolas, 206
Morisset, Paul, 204
Morisset, Pierre, 205, 207
Morissette, Roger, 204, 205
Mosny, Catherine de, 174
Mosny, Jean de, 174
Mouet, Pierre, 161, 163
Mouet, Marie-Thérèse, 163
Moulinet, Marguerite, 38
Mousseau, Marie-Anne, 40
Moutton, Marie, 136
Moyen, Jean, 73
Muloin, Jean, 282
Muloin, Marie, 282
Murray, James, 47

– N –

Nadeau, Catherine, 248
Nadeau, Élisabeth, 73
Nadeau, Jean-Baptiste, 73, 130
Nadeau, Marie-Anne, 130
Naud, Émile, 289
Navarre, Françoise-Régis, 131
Navarre, Jean, 254
Navarre, Marguerite, 254
Navarre, Marie, 36
Nervaux, Nicolas, 257
Neufville, Marie, 226
Nicola, Anne, 136
Nicolet, Jean, 71, 180
Nicolet, Madeleine, 180
Niquet, Marie, 163
Niquet, Pierre, 163
Noël, François, 139
Noël, Madeleine, 139
Nolan, Pierre, 128
Nolin, Louise, 72
Normand, Anne, 211
Normand, Catherine, 210
Normand, Charles, 209, 211
Normand, Étiennette, 210

– V –